Pensão
alimentícia

CONSELHO EDITORIAL
André Luiz V. da Costa e Silva
Cecilia Consolo
Dijon De Moraes
Jarbas Vargas Nascimento
Luís Augusto Barbosa Cortez
Marco Aurélio Cremasco
Rogerio Lerner

Blucher

SÉRIE CONHECIMENTO

Pensão alimentícia

Tânia Nigri

Pensão alimentícia
© 2023 Tânia Nigri
Todos os direitos reservados pela Editora Edgard Blücher Ltda.
É proibida a reprodução total ou parcial por quaisquer
meios sem autorização escrita da editora.
Imagem da capa iStockphoto

Segundo o Novo Acordo Ortográfico, conforme 6. ed. do Vocabulário Ortográfico
da Língua Portuguesa, Academia Brasileira de Letras, julho de 2021.

Publisher Edgard Blücher
Editores Eduardo Blücher e Jonatas Eliakim

Coordenação editorial Andressa Lira
Produção editorial Ariana Corrêa
Preparação de texto Fabiane Zorn
Diagramação Negrito Produção Editorial
Revisão de texto Ana Maria Fiorini
Capa e projeto gráfico Leandro Cunha

DADOS INTERNACIONAIS DE CATALOGAÇÃO NA PUBLICAÇÃO (CIP)
Angélica Ilacqua CRB-8/7057

Nigri, Tânia
　Pensão alimentícia / Tânia Nigri. – São Paulo : Blucher, 2023.
　126 p. (Série Conhecimento)

　Bibliografia
　ISBN 978-65-5506-720-0

　1. Pensão alimentícia 2. Alimentos (Direito da família) – Brasil I. Título II. Série.

23-2548   CDD 346.810166

Índice para catálogo sistemático:
1. Pensão alimentícia

 Rua Pedroso Alvarenga, 1245, 4º andar
04531-934 – São Paulo – SP – Brasil
Tel.: 55 11 3078-5366
contato@blucher.com.br
www.blucher.com.br

Ao Marco, que me deu o amor, os filhos e o privilégio da sua companhia diária.

CONTEÚDO

Pensão alimentícia	9
Quem deve pagar e quem pode receber a pensão alimentícia?	18
Como pedir a pensão alimentícia?	24
Como se calcula o valor da pensão alimentícia?	26
A pensão alimentícia incidirá sobre quais ganhos do alimentante?	28
Medidas judiciais para verificar a verdadeira situação financeira do alimentante	29
Alimentos entre ex-cônjuges e ex-companheiros	35
Os amantes têm direito à pensão alimentícia?	38
Qual é o prazo para a cobrança de parcelas atrasadas da pensão alimentícia?	43
Os alimentos são "irrepetíveis"	45
Até quando são devidos os alimentos?	49
Como pedir a revisão da pensão alimentícia?	54
Filhos nascidos de relacionamentos diferentes devem receber a mesma pensão alimentícia?	63

A pensão alimentícia deve deixar de ser paga durante as férias escolares? 63

Na guarda compartilhada há a obrigatoriedade de pagar pensão alimentícia? 67

Pensão alimentícia durante a gravidez 70

Como é o processo de cobrança de pensão alimentícia? 72

O desempregado pode deixar de pagar pensão alimentícia? 77

Julgados dos tribunais superiores sobre pensão alimentícia 81

É possível pedir o pagamento de pensão alimentícia retroativa combinada "de boca"? 94

Aquele que recebe pensão alimentícia deve pagar imposto de renda sobre esses ganhos? 95

O bem de família do devedor de alimentos pode ser penhorado para pagar a dívida? 101

Quem fica com a pensão por morte quando o alimentante morre e deixa cônjuge e ex-cônjuge a quem pagava alimentos? 103

Perguntas e respostas 109

Referências 121

PENSÃO ALIMENTÍCIA

A pensão alimentícia, também chamada "Alimentos", é a obrigação legal ou acordada entre as partes, na qual uma pessoa é obrigada a fornecer recursos financeiros a outra que não consiga prover seu próprio sustento. A pensão não se refere apenas à alimentação, devendo englobar todos os elementos indispensáveis para uma vida digna, como moradia, saúde, educação, vestuário e lazer.

Frequentemente, a pensão alimentícia é devida entre parentes, mas também pode ser determinada pelo juiz em casos de separação, divórcio, dissolução da união estável[1] ou ampa-

---

1 A dissolução da união estável é o processo pelo qual termina a união estável, que é um relacionamento público, contínuo, duradouro e estabelecido com a intenção de constituir família. A dissolução da união estável pode ocorrer por acordo entre as partes ou por desejo de apenas um dos dois, mas, para que ela seja formalizada, é necessário fixar como se dará a guarda dos filhos, o valor da pensão alimentícia e a partilha dos bens. A dissolução pode acontecer na Justiça ou no Cartório. Para que ela ocorra de forma extrajudicial (Cartório), os companheiros precisam estar de acordo com todos os termos da dissolução, não pode haver filhos menores ou incapazes e a mulher não pode estar grávida. É importante registrar que, mesmo que haja acordo entre as partes, é indispensável a participação de um advogado ou defensor público. Se houver divergências entre as partes, se existirem filhos menores ou incapazes, ou se a mulher estiver grávida, a dissolução da união estável deve ser realizada na Justiça. Nessas situações, o processo é mais demorado, já que o magistrado analisará a divisão de bens, os termos da guarda dos filhos, pensão alimentícia e os outros aspectos que constem da dissolução. Sobre essa questão, ver NIGRI, 2020.

A pensão alimentícia
é devida aos filhos
menores de idade, aos
filhos maiores de idade
que estejam estudando,
aos filhos incapazes e
aos ascendentes que
comprovem necessidade.

ro a idosos. Quando estabelecida por uma sentença judicial ou acordo homologado pelo Poder Judiciário,[2] torna-se uma obrigação legal, podendo levar à prisão civil em caso de inadimplência. Esse tipo de pena não se aplica quando o acordo é informal, ou "de boca", sem intervenção do Judiciário.

Os pagamentos da pensão podem ser feitos em dinheiro ou *in natura*, por exemplo, por meio da cessão de um imóvel para moradia, pagamento de escola, tratamentos psicológicos, atividades esportivas, provisão de comida e vestimentas. A obrigação de pagar alimentos é respaldada pela Constituição Federal, que estabelece a dignidade da pessoa humana como fundamento do Estado Democrático de Direito e a solidariedade como um dos objetivos fundamentais da República Federativa do Brasil.

De acordo com a legislação brasileira, os alimentos devem ser fixados na proporção das necessidades do beneficiário e dos recursos financeiros do pagador. Isso dá origem ao trinômio "Necessidade x Possibilidade x Proporcionalidade". Em caso de atraso no pagamento da pensão, a lei permite que o beneficiário solicite o desconto dos valores diretamente na folha de pagamento do pagador, desde que a soma das par-

---

2 A homologação de acordo sobre pensão alimentícia é um procedimento em que as partes fazem um acordo e o apresentam ao Poder Judiciário, com o objetivo de torná-lo juridicamente válido, ou seja, conferir ao acordo o efeito de título executivo extrajudicial e permitir a aplicação de medidas legais em caso de inadimplência, como a prisão civil do devedor de alimentos.

A pensão alimentícia pode ser descontada diretamente na folha de pagamento do alimentante, caso ele seja empregado, ou, ainda, ser paga por meio de depósito bancário ou outro meio acordado entre as partes.

celas em atraso não ultrapasse 50% dos rendimentos líquidos do devedor.

A pensão alimentícia em atraso deve ser paga com reajuste pelo índice fixado na sentença ou acordo das partes, além de incidir juros de mora sobre as parcelas vencidas. O valor da pensão pode ser revisto sempre que houver mudança na situação financeira do pagador ou do beneficiário, mediante ajuizamento de ação judicial e apresentação de provas da alteração da situação econômica.

Tanto o Superior Tribunal de Justiça (STJ) quanto o Supremo Tribunal Federal (STF) têm decisões que consideram legal e constitucional a prisão civil do devedor de alimentos em caso de atraso no pagamento das prestações, mas é importante frisar que essa deve ser a última medida para forçar a quitação da dívida, após esgotados todos os outros meios à disposição do juiz.

A responsabilidade de pagar a pensão alimentícia dos filhos recai, primeiramente, sobre os genitores. Em situações excepcionais, quando os pais não têm condições financeiras de sustentar os filhos, os avós podem ser obrigados a pagar a pensão, sendo essa responsabilidade subsidiária.

Os alimentos pagos pelos avós são chamados pelo Direito de alimentos avoengos e, por ser uma responsabilidade subsidiária, ela só surge se os pais realmente não puderem arcar com essa obrigação.[3] Nesses casos, os avós paternos ou mater-

---

3 Art. 1.698 do Código Civil: "Se o parente, que deve alimentos em primeiro lugar,

O valor da pensão alimentícia deve ser determinado considerando as necessidades do alimentando, bem como as possibilidades financeiras do alimentante, além do padrão de vida que a família tinha antes da separação ou dissolução do relacionamento que deu origem à obrigação alimentar.

nos poderão responder à ação judicial que visa à fixação de pensão alimentícia, e o valor a ser pago será estabelecido pelo juiz, levando em consideração o princípio da proporcionalidade entre as necessidades do alimentando e as possibilidades financeiras dos avós.

Quando o casal se separa, mas tem prole comum, deverá conversar e decidir como ficará a guarda dos filhos. A guarda pode ser unilateral ou compartilhada, e, na última opção, todas as decisões relacionadas à criação dos filhos são compartilhadas entre os genitores. A pensão alimentícia na guarda compartilhada deve seguir critérios legais, e ambos os pais devem auxiliar no sustento dos filhos. A guarda compartilhada é adotada no Brasil como a regra para a custódia dos filhos, mesmo quando os pais moram em cidades ou países diferentes.

Quando o devedor de pensão alimentícia não efetua o pagamento daquilo que deve, o juiz pode tomar diversas medidas para garantir que o dinheiro seja efetivamente pago. Algumas dessas medidas podem incluir a verificação de valores na conta bancária do devedor por meio do sistema BacenJud, a busca de veículos pelo sistema RenaJud, além do acesso ao imposto de renda do devedor, por meio do sistema InfoJud para verificar se ele possui bens declarados.

Após a edição do Código de Processo Civil de 2015, houve algumas inovações em termos de medidas judiciais visando

não estiver em condições de suportar totalmente o encargo, serão chamados a concorrer os de grau imediato, sendo várias as pessoas obrigadas a prestar alimentos, todas devem concorrer na proporção dos respectivos recursos."

A fixação da pensão alimentícia pode ser realizada tanto pelo juiz quanto por meio de acordo entre as partes, desde que ele seja homologado pelo Poder Judiciário, a fim de garantir a sua validade e eficácia.

forçar o devedor de alimentos a pagar sua dívida. Além da decretação da prisão civil, que, como dissemos, deve ser a última providência do juiz, foi autorizada a inscrição do nome do alimentante inadimplente em cadastros de proteção ao crédito, como o Serviço de Proteção ao Crédito (SPC) e o Serasa, desde que haja decisão judicial fundamentada.

Quando o devedor de alimentos deixa de cumprir sua obrigação, além das medidas acima mencionadas, a lei autoriza a penhora de bens do alimentante visando garantir o pagamento da dívida. É possível haver a cumulação de ambos os pedidos na mesma ação: prisão e penhora de bens, que poderão ser deferidos desde que de acordo com os requisitos previstos em lei e realizados com cautela.

Por ser uma obrigação legal, a pensão alimentícia não pode deixar de ser paga, automaticamente, em casos de desemprego, devendo o alimentante procurar soluções para cumprir com a obrigação, buscando uma nova ocupação, "fazendo bicos" ou reduzindo os seus gastos e, na hipótese de não conseguir honrar o pagamento, buscando uma revisão judicial do valor da pensão.

Por fim, uma questão ainda mais polêmica e difícil se refere ao pagamento de alimentos quando o alimentante está encarcerado em razão da prática de crime, já que a lei brasileira não exonera o dever de pagar a pensão nem mesmo nessa situação extrema. Portanto, mesmo detido, o alimentante é obrigado a continuar pagando os valores devidos, se tiver recursos financeiros para isso, até porque em algumas prisões existe a possibilidade de ser exercida atividade remunerada.

QUEM DEVE PAGAR E QUEM PODE RECEBER A PENSÃO ALIMENTÍCIA?

O dever de pagar alimentos é recíproco entre pais e filhos e, também, se estende a outros parentes. Conforme previsto na legislação, os parentes, os cônjuges ou companheiros podem pedir uns aos outros os alimentos de que necessitem para viver de modo compatível com a sua condição social, inclusive para atender às necessidades de sua educação. Os alimentos devem ser fixados na proporção das necessidades do reclamante (alimentando) e dos recursos financeiros de que dispõe a pessoa obrigada a pagá-los (alimentante).

É importante frisar que todos os filhos, desde que presentes certos requisitos, têm direito ao recebimento da pensão alimentícia, mesmo aqueles gerados fora do casamento ou união estável. Nessa hipótese, o menor deverá ser registrado pelo pai e será beneficiário de pensão alimentícia, já que a Constituição Federal de 1988 veda a diferenciação entre os filhos, conforme assinalado em seu art. 227, § 6º: os filhos, havidos ou não da relação do casamento, ou por adoção, terão os mesmos direitos e qualificações, proibidas quaisquer designações discriminatórias relativas à filiação.[4]

---

4 De acordo com o art. 1º da Lei n. 8.560, de 29 de dezembro de 1992, que regu-

A pensão alimentícia não pode ser renunciada pelo alimentando, uma vez que se trata de um direito fundamental que visa garantir a dignidade e a sobrevivência da pessoa em situação de vulnerabilidade econômica.

Se o pai não pagar a pensão alimentícia, deverá ser proposta a ação de alimentos contra o pai, sendo facultado ao juiz determinar, a pedido de qualquer das partes, que a ação se processe em segredo de justiça.

Nas hipóteses em que o pai se negar a registrar a criança e a mãe venha a registrar o filho sozinha, a certidão de nascimento do menor será emitida sem que conste informação quanto à paternidade. Contudo, caso a mãe informe ao cartório o nome do suposto pai, essa informação será encaminhada ao juiz da Vara de Registros Públicos, por meio de um "Termo de Alegação de Paternidade" e, caso ele reconheça a paternidade, será providenciada a averbação desse reconhecimento no registro do menor.

Caso seja negada a paternidade pelo suposto pai ou caso este não compareça em juízo, a averiguação da paternidade será encaminhada ao Ministério Público, que iniciará um procedimento por meio do qual é possível provar a paternidade por meio de teste de DNA. Se o resultado do exame de DNA for positivo, o filho deverá ser reconhecido e passará a ter todos os direitos decorrentes da filiação – como o direito a

---

lamenta a investigação de paternidade dos filhos havidos fora do casamento, o reconhecimento dos filhos havidos fora do casamento é irrevogável e será feito:

I – no registro de nascimento;

II – por escritura pública ou escrito particular, a ser arquivado em cartório;

III – por testamento, ainda que incidentalmente manifestado;

IV – por manifestação expressa e direta perante o juiz, ainda que o reconhecimento não haja sido o objeto único e principal do ato que o contém.

receber pensão alimentícia, direito ao nome da família do pai e direito à herança –, e o pai passará a ter todos os direitos e deveres de pai.

A obrigação de pagar alimentos é sucessiva, ou seja, ela recai nos mais próximos em grau, em uns na falta de outros, e não há limites de grau de parentesco para fixação do dever de pagar alimentos, podendo essa obrigação ser estendida a avós, bisavós e outros parentes, mas sempre respeitada a ordem legal dessa obrigação. Os alimentos devem recair primeiramente nos parentes mais próximos em grau, e somente na falta ou impossibilidade do parente mais próximo fazer o pagamento passa-se a obrigação para o próximo na ordem de sucessão alimentar.

Na falta dos ascendentes (pais, avós, bisavós, trisavós), cabe a obrigação aos descendentes (filhos, netos, bisnetos, trinetos), guardada a ordem de sucessão, e, na falta desses parentes, os irmãos deverão assumir essa obrigação, sejam eles irmãos germanos (mesmos pais) ou unilaterais (apenas um genitor comum).

Em algumas situações, o parente mais próximo, legalmente obrigado ao pagamento dos alimentos, não tem condições financeiras para cumprir o encargo. Neste caso, a lei autoriza o chamamento de outros parentes para assumir essa obrigação, mas o devedor originário não fica exonerado dela. Isso acontece frequentemente quando o pai é menor de idade e não tem condições de efetuar o pagamento da pensão alimentícia. Seus pais (avós da criança) são então chamados a integrar o processo para assumir essa obrigação, sem que isso represente a exoneração do dever de pagar os alimentos pelo devedor principal (pai da criança).

A Súmula 596 do STJ esclarece que a obrigação alimentar dos avós tem natureza complementar e subsidiária, ou seja, a obrigação principal é sempre dos pais da criança, devendo ser esgotadas as possibilidades de cobrança dos devedores principais para, somente depois, acionar os avós.

Quando se trata da obrigação de prestar alimentos a pessoas idosas, o art. 12 do Estatuto da Pessoa Idosa determina que a obrigação alimentar deixe de ser subsidiária e passe a ser solidária, ou seja, a pessoa idosa poderá escolher, entre os seus parentes, qual deles lhe pagará os alimentos, não podendo o devedor se eximir do pagamento, alegando que outro parente mais próximo precisaria ser acionado anteriormente, como acontece com as outras relações alimentares.

É importante registrar que os alimentos são irrenunciáveis, ou seja, a pessoa pode deixar de cobrar alimentos daquele que tem a obrigação legal de pagá-los, mas a lei proíbe a renúncia a esse direito. O credor de alimentos pode não querer exercer o direito aos alimentos, mas lhe é vedado renunciar a esse direito, assim como é ilegal ceder, compensar ou penhorar o crédito alimentar, conforme estabelecido no art. 1.707 do Código Civil.[5]

---

5 Art. 1.707 do Código Civil: Pode o credor não exercer, porém lhe é vedado renunciar o direito a alimentos, sendo o respectivo crédito insuscetível de cessão, compensação ou penhora.

A lei prevê, também, que, além dos filhos, os ex-cônjuges (casamento) e ex-companheiros (união estável) podem receber pensão alimentícia, desde que fique claramente comprovada a necessidade dessa pensão para a sobrevivência e seja demonstrada a possibilidade econômica do alimentante. Nesses casos, o pagamento se dará durante um tempo pré-fixado (em média, dois anos), devendo o pagamento cessar se o alimentando (aquele que recebe a pensão) casar-se novamente ou passar a viver em união estável

A lei determina que o dever de pagar pensão alimentícia deve recair primeiramente nos parentes mais próximos em grau, como pais, avós, filhos e irmãos, seguindo uma ordem de sucessão. Caso o parente mais próximo não possa fazer o pagamento, a obrigação passa para o próximo na ordem de sucessão alimentar.

Como já mencionado, a pensão alimentícia é uma ajuda financeira para que a pessoa possa se sustentar. Sabe-se que ela não é restrita aos filhos, podendo ser deferida a ex-cônjuges ou ex-companheiros, mas desde que comprovada a necessidade de quem pede e a possibilidade de quem paga. No caso de filhos menores, sempre que os pais não vivem juntos, a necessidade financeira é presumida pela lei, não sendo necessária a sua comprovação.

Caso os filhos estejam cursando pré-vestibular, ensino técnico ou superior e não tenham condições financeiras para arcar com seus estudos, os alimentos devem continuar a ser pagos, até o limite de 24 anos.

Filhos incapazes devem receber pensão sem prazo limitado, sendo considerados absolutamente incapazes todos os menores de 16 anos e incapazes, relativamente a certos atos ou a maneira de os exercer, os maiores de 16 e menores de 18 anos, os ébrios habituais, os viciados em tóxico, aqueles que, por causa transitória ou permanente, não puderem exprimir sua vontade e os pródigos.[6] A menoridade cessa aos 18 anos completos, quando a pessoa fica habilitada à prática de todos os atos da vida civil.

A Lei n. 11.804/2008 passou a dispor sobre os alimentos gravídicos, ou alimentos durante a gravidez. Esse tipo de pensão alimentícia visa possibilitar à gestante o custeio das despesas decorrentes da gestação e deverá ser pago pelo suposto pai da criança, bastando serem apresentados os indícios da paternidade.

COMO PEDIR A PENSÃO ALIMENTÍCIA?

Para pedir o pagamento de pensão alimentícia, é necessário contratar um advogado ou procurar a Defensoria Pública, caso a pessoa não tenha condições financeiras para arcar com as despesas do processo. Se houver acordo entre as partes, um único advogado pode requerer ao juiz de direito a homologação judicial do acordo, mas, na hipótese de não haver acordo,

---

6 Aqueles que dilapidam seus bens de forma compulsiva, perdulário.

a pessoa que deseja receber a pensão (alimentando) poderá propor uma ação de alimentos, expondo na petição inicial as suas necessidades financeiras e as possibilidades do alimentante, fazendo a prova do parentesco, das necessidades e possibilidades. Deve ser requerida a fixação de alimentos provisórios, que é o valor da pensão alimentícia a ser fixado liminarmente, para suprir as necessidades urgentes do alimentando, enquanto o juiz não profere a sentença.[7]

A ação de alimentos deve ser proposta no local de domicílio ou residência daquele que pretende receber a pensão alimentícia (alimentando). Após o juiz fixar os alimentos provisórios, ele dará ciência disso ao alimentante (réu) e determinará a sua citação para que apresente defesa nos autos do processo, intimando-o para comparecer à audiência de conciliação, instrução e julgamento.

Se o autor da ação (alimentando) não comparecer à audiência, o processo será arquivado. Caso o réu (alimentante) não compareça, isso implicará sua revelia, ou seja, ele confessará os fatos alegados pelo alimentando, o que aumentará a possibilidade de o valor pedido a título de alimentos ser o fixado pelo juiz.

Na audiência, ambas as partes devem comparecer com suas testemunhas (três no máximo) e apresentar as provas de

---

[7] A lei assinala que o juiz deve fixar os alimentos provisórios ao despachar a petição inicial, mesmo que o autor não os tenha pedido, só podendo se eximir de fixá-los se a parte informar que deles não precisa.

suas alegações O juiz tentará conciliar as partes, e, caso haja sucesso, o acordo será homologado por meio de uma sentença. Se não houver acordo, as partes prestarão seus depoimentos pessoais e as testemunhas darão seus depoimentos. Ao final da audiência, será renovada a tentativa de acordo entre as partes. Se não houver acordo, o juiz proferirá a sentença.

COMO SE CALCULA O VALOR DA PENSÃO ALIMENTÍCIA?

Não existe uma fórmula mágica para calcular o valor da pensão alimentícia, e a lei brasileira também não estipula qual valor ou percentual deverá ser pago a título de alimentos. Isso ocorre porque é necessário considerar, em cada caso particular, quais são as possibilidades econômico-financeiras daquele que pagará a pensão (alimentante) e quais as necessidades daquele a quem será feito o pagamento (alimentando).

É preciso lembrar que os alimentos têm a função de permitir a sobrevivência do alimentando, sem violar a sobrevivência digna do alimentante, portanto, o juiz fixará a pensão levando em conta esse equilíbrio. O valor dos alimentos poderá ser fixo (atualizado anualmente),[8] poderá se basear em

---

8 Por exemplo: R$ 2.000,00 por mês, reajustáveis anualmente pelo IPC.

percentual dos ganhos do alimentante,[9] em percentual do salário-mínimo[10] ou em quantidade de salários mínimos.[11]

Quando a pensão alimentícia é arbitrada em valor fixo, apenas com reajuste anual, se o alimentante for promovido e passar a auferir aumento salarial, não haverá impacto dessa promoção nos alimentos pagos.

Todos sabemos que é relativamente comum haver inadimplência no pagamento de pensão alimentícia, bem como atrasos no seu cumprimento, por isso devemos informar que a maneira mais segura de receber os alimentos e ter os valores pagos em dia é por meio do desconto de percentual do salário do alimentante, assim como verbas eventuais (férias, indenização, adicionais etc.) na própria fonte pagadora, ou seja, o empregador retém o valor dos alimentos e o repassa ao alimentando.

É importante esclarecer que deve constar no acordo do divórcio ou na sentença do juiz (se não houver acordo sobre o valor da pensão) o percentual dos alimentos e se ele recairá sobre o salário líquido ou bruto do alimentante, devendo, no segundo caso, ser descontado dos ganhos totais, tendo apenas o INSS e o imposto de renda retidos na fonte.

Está tramitando na Câmara dos Deputados o Projeto de Lei n. 420/2022, estipulando que a pensão alimentícia seja

---

9 Por exemplo: 30% dos ganhos líquidos do alimentante.
10 Por exemplo: 30% do salário mínimo para cada filho.
11 Por exemplo: um salário mínimo para cada filho.

de, no mínimo, 30% do salário mínimo vigente, cabendo ao juiz da causa avaliar em que situações esse mínimo não poderia ser observado. A proposta é do deputado José Nelto, que justifica a necessidade dessa inovação legal para evitar que crianças ou dependentes em geral possam receber e viver com menos de 30% do salário-mínimo.

A PENSÃO ALIMENTÍCIA INCIDIRÁ SOBRE QUAIS GANHOS DO ALIMENTANTE?

De acordo com a jurisprudência do STJ, a pensão alimentícia deverá incidir sobre os ganhos do alimentante, incluídas as horas extras, mesmo que elas não sejam habituais. Por ocasião do julgamento do Recurso Especial n. 1.098.585/SP, cujo relator foi o ministro Luis Felipe Salomão, a Quarta Turma entendeu que as horas extras têm caráter remuneratório, por isso elas integrariam a base de cálculo dos alimentos.

Outra questão que vem aparecendo nos tribunais se refere à incidência ou não dos bônus ou PLR (participação nos lucros e resultados) recebidos por alguns funcionários na base de cálculo das pensões alimentícias. Apesar de a lei não tratar, especificamente, sobre isso, o Poder Judiciário vem analisando a questão e, na maioria das vezes, tem entendido que, embora cada processo deva ser julgado com suas particularidades, deve ser excluído o bônus da base de cálculo da pensão alimentícia, por ser ele variável e estar condicionado ao esforço do trabalhador.[12] O processo julgado se referia ao pedido de inclusão do bônus recebido pelo pai na base de cálculo da pensão alimentícia paga ao filho. O STJ relembrou que a Terceira Turma já havia firmado entendimento pela não inclusão do PLR na base de cálculo da pensão alimentícia, por ser uma verba transitória e desvinculada da remuneração habitualmente recebida. O ministro Villas Bôas Cueva, relator do processo, apesar de ter mencionado julgamento em sentido oposto pela Quarta Turma, acabou decidindo que o pagamento desse valor variável é uma forma de as empresas estimularem seus empregados a se dedicarem ao atingimento das metas, sem que essa participação nos lucros e resultados seja considerada como salário. Por essa razão, essa renda somente será considerada para o pagamento da pensão alimentícia quando o salário fixo do empregado não for suficiente para pagar os alimentos fixados ou homologados pelo juiz.

MEDIDAS JUDICIAIS PARA VERIFICAR A VERDADEIRA SITUAÇÃO FINANCEIRA DO ALIMENTANTE

Não é raro vermos alimentantes ocultando sua verdadeira condição financeira, visando pagar aos alimentandos valores inferiores ao devido. No passado, era bastante corriqueiro

---

12 O STJ teve a oportunidade de analisar essa questão, quando reiterou o entendimento de que o bônus deveria ser excluído da base de cálculo da pensão alimentícia por ostentar natureza indenizatória e não se tratar de rendimento salarial (Recurso Especial n. 1.719.372/SP).

nos depararmos com devedores de alimentos que não tinham carteira assinada, nem outra fonte de renda comprovada, que conseguiam se eximir do pagamento da pensão alimentícia ou pagavam aquilo que queriam, se valendo da impossibilidade de o alimentando comprovar esses ganhos.

Em razão disso, muitos juízes passaram a adotar medidas atípicas para investigar a verdadeira situação econômica do devedor de alimentos, seja determinando a quebra do sigilo bancário, para conferir as movimentações em conta corrente dos últimos 12 meses, seja acessando os dados dos cartões de crédito e descobrindo os gastos efetuados naquele mesmo período. Os juízes têm, também, oficiado a *fintechs*, que são *startups*,[13] ou empresas que desenvolvem produtos financeiros digitais com uso de tecnologia, para saber se o alimentante tem dinheiro guardado ou fez movimentações durante o período em que não efetuou o pagamento da pensão alimentícia.

Tem sido comum, também, com o intuito de pressionar o alimentante ao pagamento das pensões alimentícias em atraso, a suspensão de cartão de crédito do devedor, da Carteira Nacional de Habilitação (CNH) e, até mesmo, do passaporte do alimentante.[14]

---

13 *Startup* é uma empresa inovadora, com custos baixos, em busca de um modelo de negócio que possa ser reproduzido e escalável.
14 Art. 139 do Código de Processo Civil: O juiz dirigirá o processo conforme as disposições deste Código, incumbindo-lhe:
IV – Determinar todas as medidas indutivas, coercitivas, mandamentais ou sub-rogatórias necessárias para assegurar o cumprimento de ordem judicial, inclusive nas ações que tenham por objeto prestação pecuniária.

O STJ teve a oportunidade de analisar se essas medidas atípicas de execução estão em consonância com a lei brasileira e, no julgamento do Recurso Especial n. 1.864.190, ao julgar essa questão, a Terceira Turma estabeleceu que os meios de execução indireta têm caráter subsidiário em relação aos meios típicos, ou seja, primeiro devem ser buscados indícios de que o devedor de alimentos, de fato, tenha recursos para cumprir a obrigação e que foram buscados, sem sucesso, todos os meios típicos para a satisfação do crédito, para, só depois, adotar essas medidas atípicas.

No caso julgado pelo Poder Judiciário, o credor da dívida pediu a suspensão da CNH do devedor, além da apreensão do seu passaporte e do cancelamento de seus cartões de crédito. Esses pedidos foram negados em primeiro e segundo graus, e, quando o STJ analisou a questão, a relatora, ministra Nancy Andrighi, explicou que a lei desejou dar mais elasticidade à cobrança de dívidas, mas isso não significa que as medidas atípicas possam ser usadas indiscriminadamente. Segundo a relatora, elas só devem ser adotadas após o esgotamento dos meios diretos de execução e após decisão fundamentada do juiz. Essa também foi a posição adotada no julgamento do Recurso Especial n. 1.782.418 e do Recurso Especial n. 1.788.950, quando a Terceira Turma definiu que as medidas atípicas, sempre em caráter subsidiário, somente podem ser deferidas se houver no processo sinais de que o devedor possui patrimônio passível de expropriação, pois, do contrário, elas não

O alimentando tem direito a receber pensão alimentícia mesmo que o alimentante esteja desempregado, uma vez que a obrigação de prestar alimentos é inerente à responsabilidade familiar.

se destinariam à satisfação do crédito, e sim apenas à punição do devedor.

Nos últimos anos, o STJ foi chamado a julgar, algumas vezes, a legalidade da retenção do passaporte e da carteira de habilitação nas execuções de dívidas em geral, já que, para muitos, haveria limitação ao direito de ir e vir. Nas Turmas de Direito Privado, tem prevalecido o entendimento de que é possível a retenção ou a suspensão dos documentos, desde que haja decisão fundamentada e tenham se esgotado as vias executivas típicas. Já no âmbito do Direito Público, a Primeira Turma, ao julgar o Habeas Corpus n. 453.870, entendeu que a apreensão de passaporte em execução fiscal é desproporcional e inadequada à busca da satisfação do crédito.

Diante da falta de unanimidade sobre o assunto, o STJ determinou a suspensão de todos os processos e recursos pendentes que versem sobre essa questão, para definir se é possível adotar medidas atípicas nas execuções de dívidas. A decisão a ser proferida será aplicada a todos os casos ainda pendentes de julgamento.

O art. 139, IV, do Código de Processo Civil de 2015 dispõe que cabe ao magistrado determinar todas as medidas indutivas, coercitivas, mandamentais ou sub-rogatórias necessárias para assegurar o cumprimento de ordem judicial, inclusive nas ações que tenham por objeto prestação pecuniária.

Esse tema chegou também ao STF no julgamento da Ação Direta de Inconstitucionalidade n. 5941, em que se alegava a inconstitucionalidade dessas medidas constritivas, pois elas poderiam gerar restrições de direitos. O relator, ministro Luiz Fux, entendeu ser constitucional o artigo do Código de Processo Civil que autoriza o juiz a determinar medidas coercitivas necessárias para assegurar o cumprimento de ordem judicial, como a apreensão do passaporte, a suspensão do direito de dirigir e a proibição de participação em concurso e licitação pública, desde que não avancem sobre direitos fundamentais e observem os princípios da proporcionalidade e razoabilidade, devendo o juiz analisar concretamente cada caso, no que foi acompanhado pela maioria dos ministros.

É importante ressaltar que o julgamento do STF, ao contrário do que se tem alardeado por aí, apenas considerou constitucional a redação do artigo 139, IV, do Código de Processo Civil, que autoriza que o juiz determine todas as medidas indutivas, coercitivas, mandamentais necessárias para assegurar o cumprimento de ordem judicial, mas ressalvou expressamente que o magistrado, em cada caso concreto, observe os princípios constitucionais da proporcionalidade e razoabilidade, além de ter que cumprir o artigo 805 do Código de Processo Civil, que prevê que o juiz determine o modo menos gravoso ao executado, quando por vários meios o credor puder promover a execução.

ALIMENTOS ENTRE EX-CÔNJUGES E EX-COMPANHEIROS

De acordo com o art. 1.694 do Código Civil, podem os parentes, os cônjuges ou companheiros pedir uns aos outros os alimentos de que necessitem para viver de modo compatível com a sua condição social, inclusive para atender às necessidades de sua educação.

Antigamente, com o término do casamento, o usual era o pagamento de alimentos do ex-marido à ex-esposa, mas, com a evolução legal e constitucional e com a equiparação entre homens e mulheres,[15] hoje é perfeitamente possível que, presentes os requisitos legais, uma mulher seja obrigada a pagar pensão ao seu ex-marido/ex-companheiro ou à sua ex-mulher/ex-companheira, ou, ainda, um homem ser obrigado a pagar alimentos para a sua ex-mulher/ex-companheira ou ao seu ex-marido/ex-companheiro.

Como já sabemos, os alimentos devem ser fixados na proporção das necessidades do alimentando e dos recursos da pessoa obrigada a pagá-los, mas, no que se refere ao pedido de alimentos entre ex-companheiros e ex-cônjuges, é preciso dizer que o Poder Judiciário tem fixado essas pensões, em regra, de modo transitório, ou seja, por período de-

---

15 Art. 5º da Constituição Federal: Todos são iguais perante a lei, sem distinção de qualquer natureza, garantindo-se aos brasileiros e aos estrangeiros residentes no País a inviolabilidade do direito à vida, à liberdade, à igualdade, à segurança e à propriedade, nos termos seguintes; I – homens e mulheres são iguais em direitos e obrigações, nos termos desta Constituição.

terminado, para permitir que o alimentando se insira (ou se reinsira) no mercado de trabalho, podendo prover seu próprio sustento.

Há, contudo, situações, em que o alimentando, seja em razão da idade, das condições de saúde ou do longo período longe do mercado de trabalho, pode não ter condições de ganhar seu próprio dinheiro ou seus ganhos não sejam suficientes. Essa situação já foi objeto de julgamento pela Terceira Turma do STJ,[16] que entendeu que os alimentos entre ex-cônjuges não são fixados apenas com base na necessidade-possibilidade-proporcionalidade, já que outras circunstâncias devem ser analisadas, como a capacidade para o trabalho e o tempo decorrido desde o início do recebimento da pensão alimentícia.[17]

No caso que foi julgado, o alimentante estava pagando pensão por quase vinte anos e pretendia se exonerar dessa obrigação, alegando que sua ex-esposa já tinha capacidade para trabalhar e não precisava mais do seu dinheiro. O Judiciário entendeu que deveria ser feita a avaliação da necessidade da manutenção da pensão, já que não se poderia decidir com base em suposições.

Em geral, quando um relacionamento termina, a pensão entre ex-parceiros não vem sendo estabelecida automaticamente e sem um prazo definido para acabar, sendo fixada em

---

16 Recurso Especial n. 1.829.295/SC, Terceira Turma, DJe: 13 mar. 2020.
17 LEITE, 2020.

Em regra, a pensão alimentícia devida a ex-cônjuges e ex-companheiros é fixada com termo certo, assegurando tempo hábil para que o alimentando seja inserido, recolocado ou obtenha progressão no mercado de trabalho.

situações excepcionais e, quase sempre, como dito há pouco, por prazo predeterminado.

A conclusão, portanto, é que os alimentos entre ex-cônjuges e ex-companheiros, ao fim do relacionamento, não se constituem em um direito garantido, nem tampouco em algo vitalício, razão pela qual vêm sendo chamados pela jurisprudência de *alimentos transitórios*.

Parece desnecessário esclarecer, mas não custa lembrar que, como já dissemos, homens e mulheres têm os mesmos direitos e as mesmas obrigações quando se trata de pagamento de pensão alimentícia, portanto, se ficar comprovada a necessidade de recebimento de alimentos por parte do homem e a possibilidade de a mulher pagar, poderá ser ajuizada a ação requerendo a condenação dela à obrigação alimentar.

OS AMANTES TÊM DIREITO À PENSÃO ALIMENTÍCIA?

O Código Civil brasileiro impede que os amantes, chamados pela lei de *concubinos*,[18] tenham direito ao recebimento de alimentos, mas, caso haja filhos dessa relação, haverá, sim, o direito à pensão alimentícia para eles, nas mesmas condições dos descendentes decorrentes do casamento.

É importante informar que, ao contrário do que muita gente pensa, as pessoas que continuam casadas ou em união

---

18 Art. 1.727 do Código Civil: As relações não eventuais entre o homem e a mulher, impedidos de casar-se, constituem concubinato.

estável formalmente (no papel), mas já vivem separadas (separação de fato), podem ter novos relacionamentos sem que sejam considerados amantes. É possível, inclusive, o reconhecimento de união estável de pessoa casada formalmente, mas que esteja separada judicialmente ou de fato, conforme dispõe o art. 1.723, § 1º do Código Civil.[19,20]

Recentemente o STJ teve a oportunidade de julgar uma controvertida questão acerca da possibilidade de a amante poder ser beneficiária de seguro de vida instituído por homem casado. Para a Quarta Turma do STJ, isso não é possível, já que o art. 550[21] e o art. 793[22] do Código Civil de 2002 impedem esse tipo de benevolência de um homem ou de uma mulher casada à sua concubina ou concubino.

De acordo com o processo judicial, o segurado, sem ter dissolvido seu matrimônio ou sem separação de fato, tinha um relacionamento público e contínuo com a concubina desde os anos 1970, ao mesmo tempo que mantinha o relacionamento com sua esposa. Sabendo que sua amante não teria direito à sua herança, fez um seguro de vida em que a apontou como

---

19 Art. 1.723 do Código Civil: [...] § 1º A união estável não se constituirá se ocorrerem os impedimentos do art. 1.521; não se aplicando a incidência do inciso VI no caso de a pessoa casada se achar separada de fato ou judicialmente.
20 Sobre essa questão, ver NIGRI, 2020.
21 Art. 550 do Código Civil: A doação do cônjuge adúltero ao seu cúmplice pode ser anulada pelo outro cônjuge, ou por seus herdeiros necessários, até dois anos depois de dissolvida a sociedade conjugal.
22 Art. 793 do Código Civil: É válida a instituição do companheiro como beneficiário, se ao tempo do contrato o segurado era separado judicialmente, ou já se encontrava separado de fato.

Em regra, os amantes não têm direito a alimentos, mas, caso haja filhos dessa relação, esses filhos terão direito aos alimentos nas mesmas condições dos filhos decorrentes do casamento.

beneficiária (75%), assim como o filho comum que teve com ela (25%).

A ação teve desfecho favorável à concubina, mas, no recurso interposto ao STJ, a viúva alegou que seria ilegal a designação da amante como beneficiária do seguro, pedindo que o saldo de 75% do seguro lhe fosse destinado, e não à outra. A relatora do caso fez referência ao artigo 793 do Código Civil, que impede que concubina seja beneficiária de seguro de vida instituído por homem casado e não separado de fato, tendo o caso sido julgado favoravelmente à esposa, que ficou sendo a beneficiária do seguro do marido, no lugar da amante, recebendo 75% do valor segurado.

É importante assinalar que em dezembro de 2020, em apertado placar de seis votos contra cinco, os ministros do STF decidiram que não é possível reconhecer duas uniões estáveis simultâneas para o efeito de dividir a pensão do INSS, diante da "consagração do dever de fidelidade e da monogamia pelo ordenamento jurídico-constitucional brasileiro".[23]

O caso julgado era o seguinte: após a morte de um homem que vivia com uma mulher e tinha um filho com ela, foi reconhecida judicialmente essa união estável e o seu direito à pensão do INSS, mas um homem pleiteou o mesmo direito alegando que também mantinha com o falecido uma união estável. A questão chegou ao STF e teve a relatoria do ministro Alexandre de Moraes, que votou contra o pedido de

---

23 Recurso Especial n. 1.045.273/SE.

divisão da pensão, no que foi acompanhado pelos ministros Ricardo Lewandowski, Gilmar Mendes, Dias Toffoli, Nunes Marques e Luiz Fux. O ministro Edson Fachin abriu a divergência, votando pela divisão da pensão do INSS, sendo acompanhado pelos ministros Luís Roberto Barroso, Rosa Weber, Cármen Lúcia e Marco Aurélio Mello.

Em 2015, o STJ analisou o recurso de uma mulher que teve um relacionamento amoroso com um homem casado por mais de quarenta anos e, após o fim do relacionamento, pretendia receber pensão alimentícia, já que estava idosa e teria desistido de sua atividade profissional, ainda na juventude, para dedicar-se ao homem, que a sustentava. O Tribunal de Justiça do Rio Grande do Sul entendeu que "se o réu optou por sustentá-la, desde quando ainda era jovem, bonita e saudável, muito mais o deve agora, quando surgem os problemas de saúde em decorrência da idade avançada, sendo impossível o ingresso no mercado de trabalho".[24]

Em seu recurso ao STJ, o homem sustentou que vivia um concubinato impuro[25] e não uma união estável, portanto, não poderia ser obrigado a pensionar a ex-amante. O ministro João Otávio de Noronha, relator do recurso, assinalou que o concubinato impuro, ainda que de longa duração, não gera o dever de prestar alimentos à concubina, "pois a família é um bem a ser preservado a qualquer custo", entretanto, diante da

---

24 Recurso Especial n. 1.185.337/RS (2010/0048151-3).
25 Relacionamento amoroso em que um dos parceiros é casado. Ver: NIGRI, 2020.

peculiaridade do caso e considerando os princípios da dignidade e solidariedade humanas, deveria ser mantida a obrigação de prestação de alimentos à concubina idosa, sob pena de causar-lhe desamparo. Para o ministro, o longo tempo da união afetiva, a dependência econômica da mulher, que até parou de trabalhar para atender ao concubino, e o fato de já apresentar idade avançada, sem condição alguma para serviços que lhe proporcionassem autossustento, deveriam ser levados em conta, registrando que, "se fosse aplicar a letra fria do artigo citado, que somente prevê alimentos entre parentes, cônjuges e companheiros, o Tribunal estaria cometendo uma violação aos princípios do respeito à dignidade da pessoa humana e da solidariedade imperante no Direito de Família".

QUAL É O PRAZO PARA A COBRANÇA DE PARCELAS ATRASADAS DA PENSÃO ALIMENTÍCIA?

O dever de pagar alimentos é uma consequência natural do princípio constitucional da solidariedade e essa obrigação é imprescritível, ou seja, ela pode ser exercitada a qualquer tempo, mas a cobrança dos valores fixados em sentença ou por acordo entre as partes e não pagos prescreve em dois anos, contados do dia em que as obrigações venceram.

Vamos exemplificar: um pai tem a obrigação de pagar pensão alimentícia ao seu filho de 20 anos e não cumpre a sua obrigação. Se o seu filho propõe a ação de cobrança das pensões em atraso no mês de fevereiro de 2022, ele só poderá exigir o pagamento dos valores devidos de fevereiro de 2022 até fevereiro de 2020, já que os valores devidos antes de fevereiro de 2020 estarão prescritos.

O prazo prescricional de dois anos é para que a pessoa que tem direito à pensão alimentícia, não paga, faça o seu pedido no Poder Judiciário. Na hipótese de ela deixar o prazo expirar, não perderá o direito à pensão daquela data para a frente, mas perderá o direito a recebê-la retroativamente.

Há algumas situações excepcionais em que esse prazo ficaria suspenso, não se operando a prescrição. É o que ocorre quando o credor de alimentos é absolutamente incapaz para praticar pessoalmente os atos da vida civil, o que ocorre com os menores de 16 anos, com aqueles que tenham enfermidade ou deficiência mental ou os que, mesmo por causa transitória, não puderem exprimir sua vontade.

Da leitura desse texto, pode parecer que a prescrição correria contra os maiores de 16 anos e menores de 18 anos, mas isso não acontece, já que a lei disciplina que não corre a prescrição no âmbito das relações entre pais e filhos durante o poder familiar, que só termina quando os filhos atingem a maioridade civil, salvo se tiver ocorrido a emancipação.

Portanto, considerando que a lei dispõe que não correrá a prescrição entre ascendentes e descendentes durante o poder familiar, e dado que os filhos estão sujeitos ao poder familiar enquanto menores, não há dúvida de que até os 18 anos está suspensa a prescrição para a cobrança da dívida de alimentos, cujo prazo terminaria quando o alimentando completasse 20 anos.

OS ALIMENTOS SÃO "IRREPETÍVEIS"

Os alimentos são impenhoráveis (não podem ser penhorados), irrenunciáveis (não podem ser renunciados) e irrepetíveis (não é possível a sua devolução por quem os recebeu de boa-fé), além de intransmissíveis, inalienáveis, incompensáveis e imprescritíveis.

Os alimentos são irrepetíveis, portanto, uma vez pagos, eles não devem ser devolvidos, mesmo que posteriormente se descubra que eles não eram devidos ou que foram pagos em valores superiores ao devido. O direito entende que, como se destinaram à sobrevivência do alimentando, não seria possível essa devolução, além de se compreender que o direito à vida prepondera sobre o direito de restituição daquele que desembolsou a pensão alimentícia.

Essa regra da irrepetibilidade é bastante questionada, especialmente quando os alimentos são pagos e, depois de realizado teste de DNA, se comprove que o alimentante não era pai do alimentando. Essa situação chegou ao Poder Judiciário numa Ação Negatória de Paternidade proposta por um homem que, após comprovada a ausência da paternidade biológica por meio de teste genético, pedia a alteração do re-

A pensão alimentícia em atraso deverá ser paga reajustada pelo índice fixado na sentença ou no acordo das partes, além de incidir juros de mora sobre o valor devido, em razão da demora em quitar a dívida.

gistro da criança e a exoneração do seu dever de pagar pensão alimentícia.

O autor da ação informou ao juízo que durante duas semanas manteve relacionamento amoroso com a mãe da criança e, um mês após o fim do relacionamento, esta informou-lhe que estava grávida e que ele seria o pai, tendo ele acompanhado a gestação até o sexto mês. Posteriormente recebeu a informação do nascimento e, por pressão e ameaça da mãe do menor, acabou registrando-o como seu filho, passando a arcar com despesas de fraldas e leite, mas sempre teve dúvidas sobre a paternidade, negando-se a genitora a realizar o exame de DNA.

Na primeira instância, a decisão foi no sentido de julgar improcedente o pedido do homem, mas ele apelou, reafirmando que o registro do menor foi efetuado somente três meses após seu nascimento, por pressão psicológica e ameaça por parte da genitora, e que desde que comunicado sobre a gravidez tinha dúvida da paternidade, sendo claro que houve vício de consentimento no ato registral, não havendo que se falar em paternidade socioafetiva, que só existe quando há clara disposição do apontado pai para dedicar afeto e ser reconhecido como tal, de maneira voluntária, não podendo o apelante ser forçado a manter uma relação de afeto alicerçada em vício de consentimento originário, ainda mais porque dela lhe são impostos deveres, como a prestação mensal de alimentos.

O Tribunal de Justiça de São Paulo assinalou ser irrevogável o reconhecimento dos filhos havidos fora do casamento, o que só pode ocorrer em caso de vício de consentimento e desde que inexistente a paternidade socioafetiva.

No caso julgado, apesar da exclusão da paternidade pelo exame de DNA, entendeu-se que estaria comprovada a existência da posse do estado de filho (parentalidade socioafetiva) e da relação socioafetiva, pela convivência que o autor reconheceu estar mantendo com o menor.[26]

A paternidade socioafetiva vem sendo reconhecida pela Justiça Brasileira quando uma pessoa exerce o papel de pai ou mãe de forma efetiva, assumindo as responsabilidades de sustento, amparo afetivo e educação da criança, independentemente de ter com ela um vínculo biológico. Na decisão mencionada, o Poder Judiciário reconheceu a paternidade socioafetiva da pessoa que entrou com a ação e determinou que ela passasse a constar como pai da criança nos registros

---

26 NEGATÓRIA DE PATERNIDADE – A nova ordem constitucional trouxe relevantes avanços ao conceito de família, não mais decorrente necessariamente do casamento, e o vigente Código Civil dispôs expressamente no art. 1.593 que: "o parentesco é natural ou civil, conforme resulte de consanguinidade ou outra origem" – Apesar da exclusão da paternidade pelo exame de DNA, restaram comprovadas a continuidade da existência da posse do estado de filho (parentalidade socioafetiva) e da relação socioafetiva – Improcedência da ação – Recurso desprovido. (TJ-SP – AC: 10078468720188260077 SP 1007846-87.2018.8.26.0077, relator: Alcides Leopoldo, data de julgamento: 18 dez. 2020, Quarta Câmara de Direito Privado, data de publicação: 18 dez. 2020).

civis, tendo os mesmos direitos e deveres que um pai biológico teria em relação à criança.

ATÉ QUANDO SÃO DEVIDOS OS ALIMENTOS?

Como sabemos, a obrigação de pagar alimentos tem origem na solidariedade que deve existir entre os membros de uma mesma família e entre cônjuges e ex-companheiros. Uma dúvida, entretanto, assombra muita gente: até quando o alimentando terá direito a receber os alimentos?

O STJ editou a Súmula 358, que dispõe que o cancelamento de pensão alimentícia de filho que atingiu a maioridade está sujeito a decisão judicial, mediante contraditório. Portanto, ao contrário do que muita gente pensa, o alimentante não pode parar de pagar a pensão, automaticamente, antes de o juiz deferir o pedido de exoneração. Isso acontece porque, mesmo havendo a extinção do poder familiar com o atingimento da maioridade legal, o direito a receber as verbas alimentícias pode se manter, com base em outro fundamento, desde que comprovada a necessidade do alimentado.

O STJ vem entendendo que, em regra, o pagamento da pensão alimentícia ao filho que estuda somente se encerra com a formatura, pois ela permitirá que o alimentando exerça a profissão na qual se graduou e, daí em diante, tenha mais condições de prover seu próprio sustento.

Essa obrigação alimentar cessa com a formatura em curso de graduação, não se estendendo para a pós-graduação *lato sensu*, mestrado ou doutorado. O STJ teve a oportunidade de analisar essa questão, quando dispensou um pai de continuar pagando pensão alimentícia à filha maior de idade, que cursava mestrado. Os ministros entenderam que pós-graduação – *lato* ou *stricto sensu* – melhora a capacidade técnica de quem a cursa, mas o estímulo à qualificação profissional dos filhos não pode tornar a obrigação alimentar um eterno dever de sustento, já que "Essa correlação tende ao infinito: especializações, mestrado, doutorado, pós-doutorado, MBA, proficiência em língua estrangeira, todos, de alguma forma, aumentam a qualificação técnica de seus alunos, e a não delimitação de um marco qualquer poderia levar à perenização do pensionamento prestado", defendeu a relatora do recurso.[27]

Quando julgava uma ação em que um pai queria se exonerar de pagar alimentos a uma filha de 25 anos, já graduada e com especialização, o ministro Luis Felipe Salomão, relator do recurso, entendeu que a manutenção da obrigação alimentar, naquele caso, seria um verdadeiro desvirtuamento do instituto dos alimentos, que devem ser pagos, tão somente, àqueles que não tem possibilidade de se manter com seu trabalho, assinalando que, tendo concluído o curso superior ou técnico, a alimentanda, já com 25 anos de idade, deveria se sustentar, já que nada havia no processo que depusesse contra a sua saúde física e mental, exonerando o pai de lhe prover alimentos.

---

[27] O número deste processo não é divulgado em razão de sigilo judicial.

No que se refere à pensão paga aos ex-cônjuges e ex-companheiros, o STJ sustenta que os alimentos têm caráter excepcional, transitório e devem ser fixados por prazo determinado, salvo se um deles não possuir condições de reinserção no mercado do trabalho ou de readquirir autonomia financeira, pois os alimentos devidos entre ex-cônjuges não podem servir de fomento ao ócio ou ao enriquecimento sem causa.

Quando fixados sem prazo determinado, a análise do pedido de exoneração de pagamento de pensão entre ex-cônjuges não deverá se restringir à prova da alteração do trinômio necessidade-possibilidade-proporcionalidade, mas deve ponderar outras circunstâncias, como a capacidade potencial do alimentado para o trabalho e o tempo decorrido entre o início da prestação alimentícia e a data do pedido de desoneração.[28]

A questão que chegou ao STJ tratava de um ex-marido que pagava alimentos para sua ex-mulher após quase trinta anos da separação do casal e pretendia ser liberado desse pagamento. O homem conseguiu a exoneração dessa obrigação em primeira instância, mas o Tribunal de Justiça entendeu que a ex-mulher não possuía condições de buscar uma reinserção no mercado do trabalho, devido à idade (59 anos) e à falta de qualificação e experiência, especialmente por ter se dedicado exclusivamente ao lar e à família, além de seu estado de saúde não ser bom.

---

28 Recurso Especial n. 1.396.957/PR, relatora: ministra Nancy Andrighi, Terceira Turma, data de julgamento: 3 jun. 2014, data de publicação DJe: 20 jun. 2014.

A pensão alimentícia ao filho que estuda encerra-se com a conclusão do curso de graduação, não se estendendo para pós-graduação *lato sensu*, mestrado ou doutorado.

Quando o recurso chegou ao STJ, o ex-marido destacou que, além de as doenças apresentadas pela ex-mulher não serem incapacitantes para todo e qualquer trabalho, foram adquiridas muito depois do divórcio, ao que o relator do caso reafirmou o entendimento do STJ de que "não se deve fomentar a ociosidade ou estimular o parasitismo nas relações entre ex-cônjuges, principalmente quando, no tempo da separação, há plena possibilidade de que a beneficiária dos alimentos assuma, em algum momento, a responsabilidade sobre seu destino, evitando o prolongamento indefinido da situação de dependência econômica de quem já deixou de fazer parte de sua vida".

Para o relator, os longos anos em que a alimentanda recebeu a pensão foram mais do que suficientes para que ela pudesse se restabelecer e seguir a vida sem o apoio financeiro do ex-cônjuge. "À época da fixação da obrigação alimentar, a recorrida contava com 45 anos de idade, jovem, portanto, não podendo ser imputada sua escolha pessoal de não buscar se inserir no mercado de trabalho, ao recorrente".

No que toca à questão da saúde, os ministros entenderam que a situação da ex-mulher não seria incompatível com uma atividade profissional. O relator sugeriu, ainda, a possibilidade de a mulher, com base na solidariedade familiar, formular o pedido de alimentos a seus parentes mais próximos, invocando o art. 1.694 do Código Civil,[29] acrescentando que o

---

29 Art. 1.694 do Código Civil: Podem os parentes, os cônjuges ou companheiros pedir uns aos outros os alimentos de que necessitem para viver de modo

dever de alimentos entre ex-cônjuges, com longo período separados, decorre, além da necessidade-possibilidade-proporcionalidade, da inexistência de outro parente com capacidade para prestar alimentos que tenha o dever legal de lhe assistir.

COMO PEDIR A REVISÃO DA PENSÃO ALIMENTÍCIA?

Como já sabemos, o valor da pensão alimentícia é fixado levando-se em conta a necessidade de quem recebe, a possibilidade de quem paga e a proporcionalidade entre a necessidade do alimentando e a capacidade de pagamento do alimentante, e, portanto, sempre que um desses elementos se modificar, os alimentos poderão ser alterados para um valor mais justo.

É preciso registrar que a readequação do valor da pensão alimentícia poderá se dar pela propositura da ação de revisão de alimentos, já que a decisão sobre os alimentos não transita em julgado, ou seja, ela sempre poderá ser revista e alterada, desde que haja a modificação financeira das partes.

Vamos exemplificar: se o alimentando precisar fazer um tratamento não coberto pelo plano de saúde e necessitar de

compatível com a sua condição social, inclusive para atender às necessidades de sua educação.
§ 1º Os alimentos devem ser fixados na proporção das necessidades do reclamante e dos recursos da pessoa obrigada.
§ 2º Os alimentos serão apenas os indispensáveis à subsistência, quando a situação de necessidade resultar de culpa de quem os pleiteia.

maior participação financeira do alimentante, poderá pedir o aumento do valor dos alimentos. Situação oposta pode acontecer, por exemplo, se o alimentando estudava em escola particular e ingressa em universidade pública e gratuita, situação em que o alimentante poderá pedir a redução do valor pago, para adequá-lo ao custo de vida do alimentando.

O Código Civil dispõe que: "Se, fixados os alimentos, sobrevier mudança na situação financeira de quem os supre, ou na de quem os recebe, poderá o interessado reclamar ao juiz, conforme as circunstâncias, exoneração, redução ou majoração do encargo", ou seja, o credor de alimento (alimentando) para requerer judicialmente a revisão do valor da pensão alimentícia, deverá apresentar provas cabais de que houve uma melhora na vida financeira do alimentante, podendo, inclusive, juntar publicações em redes sociais que demonstrem o seu padrão de vida alterado. Postagens no Instagram, Facebook e LinkedIn podem ser um meio de prova eficaz para demonstrar o estilo de vida do alimentante, bem como a aquisição de bens de consumo de luxo, assim como a troca de emprego por um que remunere melhor.

O mesmo pode ocorrer com o devedor de alimentos, que pode propor a ação revisional para reduzir o valor dos alimentos, desde que comprove que sua vida financeira, desde a fixação do valor da pensão, ficou mais difícil, ou que o alimentando teve alterado, para melhor, seu padrão de vida.

A ação revisional de alimentos é disciplinada pela Lei de Alimentos[30] e pelo Código de Processo Civil,[31] e o efeito da sentença que aumenta, diminui ou exonera o pagamento da pensão alimentícia retroage à data em que o alimentante ou o alimentando tomou ciência da ação (citação). É importante ressaltar, entretanto, que não deverão ser devolvidos os valores já pagos, caso os alimentos venham a ser diminuídos, nem compensado o excesso pago com prestações que se vencerão no futuro. Vamos exemplificar: um pai ajuíza uma ação para reduzir a pensão paga ao filho, no valor de R$ 2.000,00. O filho vem a tomar conhecimento da ação (citação) no dia 2 de março de 2022 e a sentença é proferida em 2 de dezembro de 2022, determinando a redução do valor para R$ 1.000,00 – sabemos que o efeito da sentença que aumenta, diminui ou exonera o pagamento da pensão alimentícia retroage à data em que o alimentante (no caso de majoração) ou o alimentando (nos casos de exoneração ou redução) tomou ciência da ação, logo, desde o dia 1º de março 2022 (data da citação), a pensão deveria ser reduzida para o valor de R$ 1.000,00. Portanto, em tese, o filho deveria devolver ao pai a diferença de R$ 1.000,00 desde a citação até a prolação da sentença, data a partir da qual a sentença seria paga no novo valor, mas a lei proíbe tanto a devolução dos valores já pagos quanto a sua compensação nos pagamentos futuros, diante da natureza alimentícia da prestação.

---

30 Lei n. 5.478/68.
31 Lei n. 13.105/15.

A revisão da pensão alimentícia pode ser solicitada a qualquer momento, caso haja mudança na situação financeira de qualquer uma das partes, a fim de ajustar o valor à nova realidade.

A ação revisional se presta a reduzir, majorar ou exonerar o pagamento de pensão alimentícia, e o autor da ação deverá provar a alteração da situação econômico-financeira, mas essa mudança deverá ser posterior à fixação do valor ou sua homologação pelo juiz. Vamos exemplificar: se o magistrado fixar o valor de R$ 1.500,00 a título de alimentos, levando em consideração que o alimentante se encontra desempregado, não poderá ser proposta ação de revisão pelo alimentante, requerendo a redução da pensão sob a alegação de estar desempregado, pois esse fato já havia sido considerado pelo juiz quando fixou o valor original.

As razões mais corriqueiras apontadas pelos devedores de alimentos para reduzirem o valor pago ao alimentando são: o nascimento de novo filho,[32] constituição de nova família, desemprego e redução de remuneração por conta da mudança de emprego. As principais razões para o pedido de majoração são: o ingresso em curso superior, gastos com saúde e entrada da criança na escola.

É possível obter a exoneração do dever de pagar alimentos, por exemplo, quando o alimentando se forma na faculdade, deixa de estudar e passa a trabalhar ou quando se casa ou vive em união estável, já que, com o casamento, a união está-

---

32 "O nascimento de um novo filho não é suficiente, por si só, a acarretar a revisão da obrigação alimentar, sendo necessária a efetiva comprovação, pelo alimentante, da redução de sua situação financeira, apta a afetar o equilíbrio do binômio necessidade-possibilidade." (Acórdão 1208634, 07023601720188070016, relatora: Ana Cantarino, Oitava Turma Cível, data de julgamento: 9 out. 2019, DJe: 22 out. 2019).

A decisão judicial sobre alimentos não transita em julgado, podendo ser revista a qualquer momento, bastando haver a modificação da situação financeira dos interessados.

vel ou o concubinato do credor de alimentos (alimentando), o alimentante deixa de ter que prestar alimentos.

É possível, também, que o devedor de alimentos (alimentante) ajuíze a ação revisional pedindo a exoneração do dever de pagar alimentos e, alternativamente, a redução da pensão alimentícia, ou seja, se o juiz entender que não estão presentes as causas de exoneração da obrigação, pode avaliar o pedido de redução do valor dos alimentos.

O STF decidiu que o reconhecimento de paternidade socioafetiva,[33] que é a paternidade decorrente do vínculo de amor e afeto, reconhecido socialmente e que permite o registro da paternidade de pessoa de qualquer idade, em cartório, não gera a exoneração do pai biológico de continuar pagando alimentos, mas o juiz pode reduzir o valor anteriormente fixado. Vamos exemplificar: se um homem conviver com seu enteado e com ele tiver uma grande afinidade e um vínculo muito forte, decidindo registrá-lo como seu filho, isso não significa que o pai biológico pode se exonerar do pagamento da

---

[33] O Conselho Nacional de Justiça (CNJ) editou o Provimento 63, de 14 de novembro de 2017, disciplinando o reconhecimento da paternidade socioafetiva, que é a paternidade decorrente do vínculo de amor e afeto, reconhecidos socialmente. É permitido o reconhecimento voluntário da paternidade socioafetiva de pessoa de qualquer idade, em cartório, perante oficiais de registro civil das pessoas naturais, sendo irrevogável, só podendo ser desconstituído pela via judicial, nas hipóteses de vício de vontade, fraude ou simulação. Assim, caso um padrasto se torne pai socioafetivo de seu enteado, por exemplo, e posteriormente passe por uma separação, a paternidade não fica revogada. A quebra do laço matrimonial não influencia a relação entre pai e filho adquirida juridicamente (GONZAGA, 2022).

pensão alimentícia; ele continuará com essa obrigação, mas esse valor poderá ser diminuído.

Para haver o reconhecimento voluntário da paternidade ou maternidade socioafetiva no cartório, o requerente deve ser maior de 18 anos de idade e o filho (do qual se pretende o reconhecimento socioafetivo), maior de 12 anos de idade e consentir com o reconhecimento da paternidade, se menor de 18 anos.

A paternidade ou a maternidade socioafetiva deverá ser estável, exteriorizada socialmente e comprovada por meio de documentos, como: participação em reuniões escolares, assinatura de agendas e boletins, inscrição em plano de saúde, coabitação, vínculo de conjugalidade com o ascendente biológico, inscrição em clubes, fotografias que retratem momentos relevantes do filho de quem se pretende o reconhecimento etc. A ausência destes documentos, por si só, não impede o registro, desde que justificada a impossibilidade. No entanto, o registrador deverá atestar como apurou o vínculo socioafetivo.

Os pais biológicos devem autorizar o reconhecimento da paternidade socioafetiva e, na ausência de um dos pais, a questão deverá ser submetida ao juiz competente para apreciação do pedido. O requerente deverá declarar o desconhecimento da existência de processo judicial em que se discuta a filiação do reconhecendo, sob pena de incorrer em ilícito civil e penal.[34]

---

34 Provimentos 63 e 83 do Conselho Nacional de Justiça (CNJ).

A ação revisional de Alimentos é utilizada para reduzir, majorar ou exonerar o pagamento de pensão alimentícia, e o autor da ação deve comprovar a alteração da situação econômico-financeira do devedor ou do credor de alimentos.

FILHOS NASCIDOS DE RELACIONAMENTOS DIFERENTES DEVEM RECEBER A MESMA PENSÃO ALIMENTÍCIA?

Essa questão, de suma importância, chegou ao STJ quando se debatia se um pai que tinha dois filhos de mães diferentes deveria pagar o mesmo valor para ambos os descendentes.

A Terceira Turma do STJ, ao apreciar a questão, entendeu que é possível a diferenciação dos valores pagos por um pai aos seus filhos nascidos de relacionamentos diferentes, pois devem ser levadas em consideração, além da sua capacidade de efetuar o pagamento de alimentos, a capacidade financeira das mães. A relatora do recurso, ministra Nancy Andrighi, assinalou que é dever de ambos os cônjuges contribuir para a manutenção dos filhos na proporção de seus recursos. Assim, poderá ser justificável a fixação de alimentos diferenciados entre a prole se, por exemplo, sendo os filhos oriundos de distintos relacionamentos, houver melhor capacidade de contribuição de um genitor ou genitora em relação ao outro.[35]

A PENSÃO ALIMENTÍCIA DEVE DEIXAR DE SER PAGA DURANTE AS FÉRIAS ESCOLARES?

Ao contrário do que muita gente pensa, a pensão alimentícia não deve diminuir e nem deixar de ser paga durante o

---

35 Recurso Especial n. 1.624.050/MG.

período de férias escolares, nem mesmo quando o alimentado passa o mês inteiro com o genitor que paga os alimentos. Isso ocorre porque, como já vimos anteriormente, a pensão alimentícia engloba não apenas as despesas com alimentação e educação, mas todos os gastos ordinários que devem ocorrer independentemente do regime de convivência, ou seja, mesmo que o alimentando passe todo o período com o alimentante, ainda assim as despesas da criança ou do adolescente com aluguel, condomínio, IPTU, contas de gás, luz, plano de saúde, dentista, médicos, psicólogo etc. não deixarão de existir.

É importante registrar, também, que a grande maioria das escolas cobra as mensalidades durante as férias escolares, podendo haver, ainda, taxas de matrícula e de materiais escolares, o que corrobora a ideia de que não deve haver redução, nem tampouco exoneração do dever de pagar pensão alimentícia durante as férias escolares.

Essa questão já foi repetidamente analisada pelo Poder Judiciário, como aconteceu com a Apelação n. 70071821565, julgada pelo Tribunal de Justiça do Rio Grande do Sul, em que um homem que teve seu divórcio decretado, com a fixação da guarda dos menores dividida com a mãe da criança e a condenação ao pagamento de pensão alimentícia de 30% dos seus ganhos, pedia que, nas férias de inverno e verão, em que os menores ficavam a metade dos dias com o pai e outra metade com a mãe, ele fosse isentado do pagamento da pensão alimentícia no período em que os filhos estivessem com ele.

O Tribunal entendeu que não cabia razão ao pai de postular a isenção do pagamento da pensão no período de férias, já que os gastos ordinários, como matrícula escolar, compra de material didático e medicamentos, entre outros, não cessam neste período, citando julgamento anterior que assim decidiu:

> *PRELIMINAR. AUSÊNCIA DE FUNDAMENTAÇÃO NOS EMBARGOS DE DECLARAÇÃO. Inocorrência. Houve a devida fundamentação na decisão que rejeitou os embargos de declaração em 1º grau, eis que possuíam caráter infringente. PRELIMINAR REJEITADA. APELAÇÃO. EMBARGOS À EXECUÇÃO (Alimentos). Sentença de improcedência. Genitor alegou a inexigibilidade do título executivo, ante a falta de patamar específico para a hipótese de desemprego. Não acolhimento. A falta de importe para o caso de desemprego não acarretaria a iliquidez da obrigação. Precedente do STJ. No mais, a prestação de alimentos deve ser paga durante o período das férias escolares, mesmo que o menor permaneça na residência do genitor. Sentença mantida. RECURSO IMPROVIDO.*[36]

---

[36] TJ-SP – AC: 10148539420178260068 SP 1014853-94.2017.8.26.0068, relator: Silvia Maria Facchina Espósito Martinez, data de julgamento: 08 jul. 2020, Décima Câmara de Direito Privado, data de publicação: 08 jul. 2020.

A pensão alimentícia não deve ser reduzida ou interrompida durante o período de férias escolares, mesmo quando o alimentando passa o mês inteiro com o genitor que paga os alimentos.

NA GUARDA COMPARTILHADA HÁ A OBRIGATORIEDADE DE PAGAR PENSÃO ALIMENTÍCIA?

A separação judicial, a dissolução da união estável e o divórcio encerram o relacionamento do casal, mas eles não alteram o vínculo jurídico entre pais e filhos, havendo mudança apenas na forma como se dá a guarda das crianças e adolescentes.

A guarda pode ser unilateral ou compartilhada. Na primeira modalidade, ela é atribuída a apenas um dos pais, mas o outro terá direito de visitações, podendo supervisionar as decisões a serem tomadas acerca dos filhos. Aquele que não tiver a guarda deverá contribuir para a manutenção econômica dos filhos, mediante o pagamento de pensão alimentícia.

Na guarda compartilhada, todas as decisões relacionadas à criação dos filhos (em qual escola estudará, qual religião professará, qual idioma aprenderá etc.) serão compartilhadas entre os genitores, mas, ao contrário do que muita gente pensa, não há necessidade (e nem é desejável) que os filhos residam na casa de ambos, de forma alternada, e nem passem o mesmo tempo na casa de cada um deles, já que a residência será fixada em apenas um endereço, permitindo àquele que não more com a criança ou adolescente livre acesso aos menores. Apesar de haver o compartilhamento das decisões e a participação de ambos na vida dos menores, é fundamental para a sua rotina e desenvolvimento saudável que eles tenham um lar de referência, devendo aquele que não reside com a criança pagar a pensão, visando auxiliar na sua manutenção e sustento.

A pensão alimentícia na guarda compartilhada deverá seguir os critérios legais, e ambos os genitores devem auxiliar, na medida das suas possibilidades, no sustento dos filhos. Portanto, é bastante equivocada a ideia generalizada de que a obrigação de pagamento de alimentos deixa de existir na guarda compartilhada, o que seria um contrassenso, já que a responsabilidade legal e financeira de ambos os pais se mantém.

A guarda compartilhada passou a ser adotada no Brasil, como regra, no ano de 2008, após a edição da Lei n. 11.698, que sofreu alterações da Lei n. 13.058/2014. O principal objetivo desse modelo de guarda é o convívio da criança com ambos os genitores, e ela deve ocorrer até mesmo quando exista um clima de hostilidade entre os pais, sendo ela dispensada apenas quando um deles a renuncie. Só deve ser dispensada pelo juiz em casos comprovados de absoluta inviabilidade.

Recentemente, o Superior Tribunal de Justiça (STJ) decidiu que a guarda compartilhada deve ser o regime obrigatório de custódia dos filhos mesmo quando os pais moram em cidades ou países diferentes,[37] já que não é necessária a permanência física da criança ou do adolescente em ambas as residências, sendo flexível a definição da forma de convivência, sem afastar a igualdade na divisão das responsabilidades.

---

37 O número deste processo não é divulgado em razão de segredo judicial.

Com o casamento ou a união estável do credor de alimentos (alimentando), cessa a obrigação de pagar pensão alimentícia.

PENSÃO ALIMENTÍCIA DURANTE A GRAVIDEZ

É bastante comum vermos relacionamentos acabarem durante a gravidez ou mulheres sendo abandonadas gestantes, sem qualquer auxílio financeiro por parte do pai da criança. Por essa razão, no ano de 2008, foi aprovada a Lei n. 11.804/2008, que regulamentou o direito à pensão alimentícia para mulheres grávidas. Essa pensão é conhecida como alimentos gravídicos.

A mulher grávida deverá buscar um advogado ou a Defensoria Pública da sua cidade (quando a parte não tem condições de arcar com as custas judiciais e os honorários advocatícios), visando propor uma ação contra o suposto pai da criança, pedindo ao juiz que fixe um valor suficiente para cobrir as despesas decorrentes da gravidez, desde a concepção até o parto, inclusive as referentes a alimentação especial, assistência médica e psicológica, exames complementares, internações, parto, medicamentos e demais prescrições preventivas e terapêuticas indispensáveis, a juízo do médico, além de outras que o juiz considere pertinentes.

A mulher gestante poderá ajuizar a ação contra o pai da criança desde a data em que tome conhecimento da gravidez, não sendo necessário haver casamento ou união estável do casal.

O ideal é que a mulher, assim que souber da gravidez, procure um advogado ou a Defensoria Pública para exercer seus direitos, pois não é possível ser fixada pensão retroativa, ou seja, não é possível cobrar valores anteriores ao momento em que é ajuizada a ação.

Na hipótese de ser fixada a pensão, caso ela não seja paga, a mulher poderá cobrá-la judicialmente, inclusive pedindo a decretação da prisão do devedor.

No momento da propositura da ação, é necessário reunir indícios da paternidade (não é necessário exame de DNA nesse momento), ou provas do relacionamento amoroso, podendo ser juntadas fotografias, conversas em aplicativos de mensagens ou outros meios válidos de prova.

Para que o juiz possa fixar o valor a ser pago a título de pensão alimentícia, a mulher gestante deverá informar a ocupação profissional do suposto pai e as suas necessidades decorrentes da gestação. Após o nascimento com vida, os alimentos gravídicos ficam convertidos em pensão alimentícia em favor do menor até que uma das partes solicite a dispensa do seu pagamento ou a sua revisão.

É importante registrar que, pela lei brasileira, presumem-se concebidos na constância do casamento os filhos nascidos 180 dias, pelo menos, depois de estabelecida a convivência conjugal, ou aqueles nascidos nos trezentos dias subsequentes à dissolução da sociedade conjugal, por morte, separação judicial, nulidade e anulação do casamento. Portanto, nessas hipóteses, não precisam ser apresentados indícios de paternidade, pois a lei a presume.

Por fim, registre-se que tramita na Câmara dos Deputados o Projeto de Lei n. 3.561/2021, que estende as presunções de paternidade às uniões estáveis.

COMO É O PROCESSO DE COBRANÇA DE PENSÃO ALIMENTÍCIA?

A Lei n. 5.478/1968 é a lei que trata dos alimentos. Apesar de ela ser muito antiga e ter sofrido várias alterações substanciais, ainda é válida e vem sendo aplicada, em combinação com o Código de Processo Civil.

Para que haja a cobrança dos alimentos não pagos, é necessário que haja um título jurídico, ou seja, deve haver a condenação ao pagamento de pensão (sentença) ou um acordo formal entre as partes, posteriormente homologado pelo juiz. Não é possível a cobrança de pensão alimentícia acertada entre as partes apenas "de boca", portanto, é fortemente aconselhável que o acerto seja formalizado e homologado pelo Poder Judiciário, para que o alimentando possa usar de todos os meios legais para a sua cobrança, em caso de inadimplência.

A ação deve ser movida pela parte que pretende receber os alimentos, ou por seu representante legal (em caso de menores ou de incapazes), por meio de um advogado ou da Defensoria Pública.[38] Se os alimentos forem em proveito de

---

[38] Art. 1º da Lei n. 5.478/1968: A ação de alimentos é de rito especial, independente de prévia distribuição e de anterior concessão do benefício de gratuidade.

crianças ou adolescentes, a Súmula n. 594 do STJ prevê que o Ministério Público também tenha legitimidade ativa para ajuizar a ação de alimentos.

É possível que as partes cheguem a um acordo sobre o valor da pensão alimentícia e, nesse caso, para que o acerto tenha validade jurídica, deverá ser homologado pelo juiz, tornando-se um título executivo judicial. Na hipótese de não haver acordo sobre a necessidade dos alimentos ou sobre o seu valor, o juiz lerá a petição inicial, que é o pedido inaugural, ou seja, a primeira peça feita pelo advogado daquele que pede a pensão e, se convencido pela argumentação da parte autora,[39] fixará os alimentos provisórios, mesmo que não tenha havido pedido nesse sentido, já que o artigo 4º da Lei n. 5.478/1968 assim determina.[40]

---

§ 2º A parte que não estiver em condições de pagar as custas do processo, sem prejuízo do sustento próprio ou de sua família, gozará do benefício da gratuidade, por simples afirmativa dessas condições perante o juiz, sob pena de pagamento até o décuplo das custas judiciais.

§ 3º Presume-se pobre, até prova em contrário, quem afirmar essa condição, nos termos desta lei.

39 Art. 2º da Lei n. 5.478/1968: O credor, pessoalmente, ou por intermédio de advogado, dirigir-se-á ao juiz competente, qualificando-se, e exporá suas necessidades, provando, apenas o parentesco ou a obrigação de alimentar do devedor, indicando seu nome e sobrenome, residência ou local de trabalho, profissão e naturalidade, quanto ganha aproximadamente ou os recursos de que dispõe.

40 Art. 4º da Lei n. 5.478/1968: As despachar o pedido, o juiz fixará desde logo alimentos provisórios a serem pagos pelo devedor, salvo se o credor expressamente declarar que deles não necessita.

Após a fixação dos alimentos provisórios, será citada (chamada judicialmente para tomar ciência da ação e, se quiser, se defender) a pessoa de quem se pretende cobrar o pagamento da pensão alimentícia. Caso ela se oponha ao pedido dos alimentos, o processo seguirá até que o juiz profira uma sentença.

De acordo com o que diz a Súmula 621 do STJ, os efeitos da sentença que reduz, majora ou exonera o alimentante do pagamento de pensão alimentícia retroagem à data da citação, vedadas a compensação e a repetibilidade, ou seja, o valor que, afinal, for fixado pelo juiz valerá desde a data da citação, que é o ato que convoca o réu para fazer parte do processo, seja se defendendo, seja concordando com o pedido do autor.

Após a constituição do título executivo, caso o devedor de alimentos não faça o pagamento, é possível que seu nome seja protestado e inscrito nos órgãos de proteção ao crédito, como Serasa e Serviço de Proteção ao Crédito (SPC).

O devedor de alimentos é citado para, em três dias, pagar o débito, provar que já pagou a dívida ou justificar a impossibilidade de fazê-lo.

Segundo o art. 528, § 2º da Lei n. 13.105/2015 (Código de Processo Civil), se o devedor não pagar a dívida, sem um motivo considerado justo pelo juiz, será protestado o pronunciamento judicial e decretada a sua prisão de um a três meses, que será cumprida em regime fechado, devendo o preso ficar separado dos presos comuns.[41]

---

41 Art. 528 do Código de Processo Civil: No cumprimento de sentença que condene ao pagamento de prestação alimentícia ou de decisão interlocutória que fixe alimentos, o juiz, a requerimento do exequente, mandará intimar o executado pessoalmente para, em 3 (três) dias, pagar o débito, provar que o fez ou justificar a impossibilidade de efetuá-lo.

§ 1º Caso o executado, no prazo referido no *caput*, não efetue o pagamento, não prove que o efetuou ou não apresente justificativa da impossibilidade de efetuá-lo, o juiz mandará protestar o pronunciamento judicial, aplicando-se, no que couber, o disposto no art. 517.

§ 2º Somente a comprovação de fato que gere a impossibilidade absoluta de pagar justificará o inadimplemento.

§ 3º Se o executado não pagar ou se a justificativa apresentada não for aceita, o juiz, além de mandar protestar o pronunciamento judicial na forma do § 1º, decretar-lhe-á a prisão pelo prazo de 1 (um) a 3 (três) meses.

§ 4º A prisão será cumprida em regime fechado, devendo o preso ficar separado dos presos comuns.

§ 5º O cumprimento da pena não exime o executado do pagamento das prestações vencidas e vincendas.

§ 6º Paga a prestação alimentícia, o juiz suspenderá o cumprimento da ordem de prisão.

§ 7º O débito alimentar que autoriza a prisão civil do alimentante é o que compreende até as 3 (três) prestações anteriores ao ajuizamento da execução e as que se vencerem no curso do processo.

§ 8º O exequente pode optar por promover o cumprimento da sentença ou decisão desde logo, nos termos do disposto neste Livro, Título II, Capítulo III, caso em que não será admissível a prisão do executado, e, recaindo a penhora em dinheiro, a concessão de efeito suspensivo à impugnação não obsta a que o exequente levante mensalmente a importância da prestação.

§ 9º Além das opções previstas no art. 516, parágrafo único, o exequente pode promover o cumprimento da sentença ou decisão que condena ao pagamento de prestação alimentícia no juízo de seu domicílio.

O novo Código de Processo Civil dispõe, também, que, em caso de dívida de alimentos, o valor da dívida poderá ser descontado dos rendimentos ou rendas do executado, de forma parcelada, contanto que, somado à parcela devida, não ultrapasse 50% dos ganhos líquidos do devedor.

É importante esclarecer que o cumprimento da pena de prisão não dispensa o executado do pagamento das prestações vencidas e vincendas, ou seja, mesmo que o devedor de alimentos seja preso, deverá pagar as parcelas em atraso e as que se vencerem posteriormente, mas, tão logo seja efetuado o pagamento, o juiz suspenderá o cumprimento da ordem de prisão.

Seguindo as diretrizes da lei, o STJ vem entendendo que o débito alimentar que autoriza a prisão civil do alimentante é o que compreende as três prestações anteriores ao ajuizamento da execução e as que se vencerem no curso do processo.[42]

Frise-se que o alimentando não precisa esperar o transcurso de três meses para propor a ação de cobrança, bastando um dia de atraso para isso, mas somente poderá ser decretada a prisão do devedor relativamente aos 3 meses anteriores ao ajuizamento da ação e aqueles que se vencerem ao longo do processo. As parcelas em atraso, anteriores ao prazo indicado devem ser cobradas pelo procedimento executivo comum, sem a possibilidade de o juiz decretar a prisão.

---

[42] Súmula n. 309/STJ: O débito alimentar que autoriza a prisão civil do alimentante é o que compreende as três prestações anteriores ao ajuizamento da execução e as que se vencerem no curso do processo.

O DESEMPREGADO PODE DEIXAR DE PAGAR PENSÃO ALIMENTÍCIA?

Apesar de não haver na lei brasileira qualquer justificativa para que um alimentante desempregado deixe de pagar a pensão alimentícia, especialmente porque o valor pago tem caráter alimentar e é prioritário, temos visto muitos alimentantes, quando desempregados, buscando o Poder Judiciário, visando rever o valor pago a título de alimentos, muitas vezes sem êxito.

No julgamento realizado no ano de 2022, um pai desempregado tentava se eximir da obrigação de pagar pensão alimentícia e o Tribunal de Justiça rechaçou o pedido, conforme decisão a seguir:

> *ALIMENTOS. PEDIDO REVISIONAL PARA REDUÇÃO DA OBRIGAÇÃO ALIMENTAR FORMULADO PELO GENITOR EM FACE DO FILHO. ALEGAÇÃO DE DESEMPREGO DO ALIMENTANTE. PRETENSÃO DE REDUÇÃO DO VALOR DOS ALIMENTOS. IMPROCEDÊNCIA. AUSÊNCIA DE PROVAS DE REDUÇÃO DA POSSIBILIDADE EFETIVA DE PAGAMENTO. SENTENÇA MANTIDA. 1. A alegação de desemprego não exime o alimentante do encargo alimentar, daí porque a falta de provas de alteração substancial de sua condição financeira desautoriza a redução postulada.*

> *2. O fato de ter constituído nova família não isenta o alimentante de pagar alimentos que atendam aos princípios da dignidade da pessoa humana e paternidade responsável. 3. Sentença mantida. Recurso improvido.*[43]

Quando o juiz fixa o valor da pensão alimentícia ou quando as partes fazem um acordo, posteriormente homologado pelo Poder Judiciário, devem prever a hipótese de desemprego, fixando, de antemão, quanto será pago na hipótese de desemprego do alimentante, o que evita grandes discussões posteriores.

Quando o alimentante perde o emprego e não há cláusula na sentença fixando o valor nessas situações, muitos têm buscado o Poder Judiciário para ajuizar a ação revisional de alimentos, comprovando a sua situação e requerendo, liminarmente, a redução do valor anteriormente fixado.

Temos observado, em casos como esse, que muitos tribunais vêm, de fato, reduzindo o valor da pensão durante o período desemprego, baseados na premissa de que os alimentos devem ser fixados na proporção das necessidades do reclamante e dos recursos da pessoa obrigada.

Essa foi a decisão proferida pelo Tribunal de Justiça do Distrito Federal no julgamento a seguir:

---

43 TJ-SP – AC: 10028998220218260368 SP 1002899-82.2021.8.26.0368, relator: Ademir Modesto de Souza, data de julgamento: 13 abr. 2022, Sétima Câmara de Direito Privado, data da publicação: 13 abr. 2022.

DIREITO DE FAMÍLIA. REVISÃO DE ALIMENTOS. DESEMPREGO DO ALIMENTANTE. REDUÇÃO DA CAPACIDADE CONTRIBUTIVA CORRETAMENTE VALORADA NA SENTENÇA. I. A modificação do encargo alimentar está adstrita à mudança da fortuna do alimentante ou da necessidade do alimentando, segundo prescreve o artigo 1.699 do Código Civil. II. O desemprego impacta a capacidade contributiva do alimentante e justifica a redução dos alimentos em patamar que não resulte no desamparo do alimentando. III. Dada a prioridade jurídica dos alimentos, o desemprego circunstancial do pai não autoriza a sua redução a ponto de comprometer a subsistência dos filhos menores. IV. Deve ser mantida a revisão da pensão alimentícia que pondera adequadamente o reflexo do desemprego na capacidade contributiva do alimentante. V. Recurso conhecido e desprovido.[44]

A mesma questão jurídica chegou ao Tribunal de Justiça do Rio Grande do Sul, quando julgou o processo de um homem que perdeu o emprego e não conseguia mais honrar o pagamento dos alimentos, tendo pedido a exoneração desse dever legal. O Tribunal entendeu que, em vista de o alimentante ter comprovado estar desempregado e impossibilitado

---

44 TJ-DF - 7329345720178070016 - Segredo de Justiça 0732934-57.2017.8.07.0016, data de publicação: 19 jul. 2019.

de continuar pagando alimentos aos filhos e à ex-esposa no valor da última prestação paga, deveria ser fixado um valor de pensão em 50% do salário-mínimo nacional, sendo 35% para os filhos (17,5% para cada) e 15% para a ex-esposa, mas apenas durante o período de desemprego do alimentante, devendo retornar ao valor anterior tão logo restabelecido o emprego formal ou informal.[45]

---

45 AGRAVO DE INSTRUMENTO. AÇÃO DE REVISÃO E EXONERAÇÃO DE ALIMENTOS. FIXAÇÃO DE VALOR PARA O CASO DE DESEMPREGO DO ALIMENTANTE. Caso em que o acordo de alimentos, em ação de divórcio, não previu valor para o caso de desemprego do alimentante. E como o agravante/alimentante comprovou estar desempregado, e impossibilitado de continuar pagando alimentos aos agravados (filhos e ex-esposa) no valor da última prestação paga, viável estipular um valor de pensão para este momento, de desemprego. Em sede liminar e provisória, até solução diversa, vai fixada a verba alimentar para o caso de desemprego do agravante/alimentante em 50% do salário-mínimo nacional, sendo 35% para os filhos (17,5% para cada) e 15% para a ex-esposa. Destaque-se, estes alimentos estão sendo estabelecidos apenas para a hipótese de desemprego do alimentante, sendo que quando estiver empregado (formal ou informalmente) a verba permanecerá devida conforme fixado na ação de divórcio. DERAM PARCIAL PROVIMENTO. (TJ-RS – AI: 70070005707 RS, relator: Rui Portanova, data de julgamento: 8 set. 2016, Oitava Câmara Cível, data de publicação: *Diário da Justiça* de 12 set. 2016).

JULGADOS DOS TRIBUNAIS SUPERIORES SOBRE PENSÃO ALIMENTÍCIA

STJ afasta ordem de prisão por dívida alimentícia

A Terceira Turma do STJ cancelou a ordem de prisão civil, decretada contra um homem que deixou de pagar a pensão do filho desde o ano de 2017.[46] O Tribunal Superior entendeu que a obrigação não é mais urgente nem atual, pois o alimentando já tinha 26 anos, era formado e estava registrado em conselho profissional, o que lhe permitia, ao menos em tese, sobreviver sem o auxílio do pai. De acordo com os ministros, a prisão teria se tornado ineficaz.

A ação de execução de alimentos foi proposta no ano de 2017, a prisão civil do alimentante só foi decretada em 2019, mas o mandado de prisão não havia sido cumprido por conta da pandemia de covid-19, quando os devedores de alimentos, seguindo orientação do CNJ, puderam cumprir a prisão civil no regime domiciliar

A prisão foi mantida pelo Tribunal de Justiça de São Paulo, mas, ao chegar no STJ, o relator do recurso se referiu ao entendimento da Terceira Turma de que o objetivo fundamental da prisão civil do devedor é a garantia da sobrevida do alimentando, portanto, a prisão do alimentante apenas se justificaria se ela fosse indispensável para o pagamento dos alimentos em atraso.

---

46 O número deste processo não é divulgado em razão de segredo judicial.

Segundo informou o relator, o alimentante estava com a saúde física e psicológica fragilizada, sem conseguir trabalhar regularmente, além de o alimentando já ter condições de se sustentar. Portanto, colocar o devedor com tais condições psíquicas e físicas na prisão, ainda que por pouco tempo, "se aproxima mais de uma punição pelo não adimplemento da obrigação do que propriamente da utilização da técnica de coação de forma efetiva e eficaz, causando-lhe gravame excessivo".[47]

STJ confirma apreensão de passaporte de devedor de alimentos que viajava de primeira classe ao exterior

A Quarta Turma do Superior Tribunal de Justiça confirmou a decisão de segunda instância que negou o *habeas corpus* impetrado por um devedor de alimentos que teve seu passaporte apreendido durante a cobrança da dívida alimentar. A Turma, por maioria, levou em consideração que o executado não demonstrou a alegada dificuldade financeira para quitar o débito, cuja dívida ultrapassava o prazo de sete anos, além de continuar residindo em bairro nobre e fazendo viagens internacionais, inclusive com passagens de primeira classe.

No caso julgado, o relator explicou que "não é correto o devedor deixar de pagar uma dívida e utilizar-se desses valores para, como no caso dos autos, ostentar um padrão de vida luxuoso", concluindo que a retenção do passaporte teve

---

47 O número deste processo não é divulgado em razão de segredo judicial.

como objetivo reprimir o comportamento do executado, que, apesar da adoção de todas as medidas típicas na execução, e mesmo diante de uma 'situação econômica de ostentação patrimonial', conseguiu se furtar ao pagamento da dívida".[48]

A obrigação de pagar pensão alimentícia não passa automaticamente dos pais para os avós

O Superior Tribunal de Justiça acolheu o entendimento de que a obrigação de os avós pagarem pensão alimentícia é subsidiária, e não solidária, ou seja, a responsabilidade dos pais é preponderante, somente sendo acionados os avós na falta daqueles.

O Código Civil chama de *alimentos avoengos* ou *pensão avoenga* o pagamento da pensão alimentícia por parte dos avós. A morte do alimentante ou a sua incapacidade financeira são as situações mais corriqueiras em que pode haver a responsabilização dos avós pelo pagamento dos alimentos, mas é indispensável a comprovação, em juízo, da necessidade da pensão alimentícia pelo alimentando e a impossibilidade de seu pagamento por parte dos pais, que são os responsáveis imediatos.

Muitos tribunais vinham transferindo essa obrigação de pagar alimentos, automaticamente, aos avós, mas o STJ pontuou que essa responsabilidade é sucessiva e complementar, somente sendo devida se ficar comprovada a falta ou insuficiência de recursos dos pais. Portanto, as ações que buscam o

---

[48] O número deste processo não é divulgado em razão de segredo judicial.

pagamento da pensão diretamente pelos avós não têm prosperado, diante do caráter subsidiário da responsabilidade deles.

A simples ausência de pagamento do responsável direto não gera a responsabilização automática dos avós, devendo, primeiro esgotarem-se todos os meios jurídicos para obrigar o alimentante a cumprir sua obrigação. É importante registrar, contudo, que, caso haja efetiva responsabilização judicial dos avós pelo pagamento de alimentos, ela será plena, ou seja, em caso de atraso ou inadimplência no pagamento da pensão, os avós podem sofrer a pena de prisão civil.

Sobre esse assunto, o STJ editou a Súmula 596, que dispõe: "A obrigação alimentar dos avós tem natureza complementar e subsidiária, somente se configurando no caso de impossibilidade total ou parcial de seu cumprimento pelos pais".

É possível cumular pedidos de prisão e de penhora no mesmo procedimento para execução de dívida alimentar

A Quarta Turma do Superior Tribunal de Justiça entendeu, em decisão recentíssima,[49] que é possível pedir a prisão do devedor de alimentos e a penhora dos seus bens na mesma ação. Na ação que foi julgada, a credora pediu o pagamento dos alimentos em atraso e requereu ao juiz do caso o pedido de prisão para a dívida recente (as três últimas parcelas), e o desconto em folha de pagamento para a dívida mais antiga.

---

49 Decisão de 30 de agosto de 2022.

O STJ entendeu que, tendo em vista a flexibilidade procedimental do Código de Processo Civil e a relevância do bem jurídico tutelado, é possível o processamento em conjunto dos requerimentos de prisão e de expropriação.[50]

É possível a inscrição de devedor de alimentos em cadastro de inadimplentes

A Quarta Turma do Superior Tribunal de Justiça admitiu a possibilidade de inscrição do nome do devedor de alimentos em cadastros de proteção ao crédito, como SPC e Serasa. O relator do recurso, ministro Luis Felipe Salomão, informou que, segundo dados apurados, mais de 65% dos créditos inscritos em cadastros de inadimplentes são recuperados em até três dias úteis, portanto, essa medida vai ao encontro do direito da criança e do adolescente.

Para ele, a urgência de que se reveste o crédito alimentar e sua relevância social são fundamentais para essa conclusão: "É bem provável que o devedor pense muito antes de deixar de pagar a verba", comentou.

O ministro também lamentou que os credores de pensão alimentícia não consigam, pelos meios de cobrança tradicionais, receber seus créditos, o que é bastante grave, pois os alimentos constituem expressão concreta da dignidade da pessoa humana, já que tratam da subsistência de menores.

---

50 O número do processo não foi divulgado em razão de segredo judicial.

Alguns advogados alegam que as ações de alimentos correm em segredo de justiça e por isso seria ilegal essa inscrição, que é pública, mas o relator do caso entendeu que o segredo judicial das ações de alimentos não pode se sobrepor ao direito do menor de receber os alimentos.

Não pode haver o cancelamento automático da pensão do filho que atingiu a maioridade

O cancelamento de pensão alimentícia de filho que atingiu a maioridade não pode se dar automaticamente, dependendo de uma decisão judicial, que será proferida apenas após a abertura de prazo para ouvir o alimentando, ainda que esse contraditório se dê nos próprios autos. Com a chegada da maioridade extingue-se o pátrio poder, mas não acaba, automaticamente, o dever de prestar alimentos, que podem ser devidos em razão do parentesco. Portanto, antes de extinguir o dever de pagar a pensão alimentícia, deve ser possibilitado ao alimentando que informe ao juiz se continua a necessitar de alimentos e comprove o alegado.

Esse é o entendimento cristalizado do STJ, que ensejou a criação da Súmula 358, que dispõe: "O cancelamento de pensão alimentícia de filho que atingiu a maioridade está sujeito à decisão judicial, mediante contraditório, ainda que nos próprios autos".

Ação de prestação de contas para apurar os gastos do alimentando é medida excepcional

A Terceira Turma do Superior Tribunal de Justiça deu ganho de causa a uma mãe que foi processada pelo seu ex-marido, visando obrigá-la a prestar contas dos valores recebidos pelo filho do casal. O homem procurou o Poder Judiciário informando que se divorciou da mãe do seu filho e ela ficou com a guarda da criança, por isso pretendia a prestação de contas da verba alimentar devida ao filho, nos últimos dois anos, porque "[...] mesmo à distância, o requerente se desdobra para acompanhar as atividades do filho, buscando contato permanente com ele e com a requerida. Porém, nestes anos pós-divórcio esta não vem permitindo acesso ao menino, sonega informações, não atende seus telefonemas, não retorna mensagens escritas, desautoriza-o a fazer contato direto com a Escola Criativa – onde o menor estuda –, e até mesmo restringe a comunicação direta entre pai e filho, por exemplo, impondo horários para conversarem por telefone".

Pelo processo de prestação de contas, pretendia exercitar o poder familiar: acompanhar suas atividades esportivas, escolares, extracurriculares. Mas o STJ entendeu que não se justifica a propositura da ação de prestação de contas por suposto risco de não ser a pensão alimentícia administrada corretamente pelo representante ou assistente do menor.

O Tribunal considerou que a eventual má administração de dinheiro destinado à manutenção e educação de filho, e consequente enriquecimento sem causa da mãe, deve ser ob-

Não é permitido o cancelamento automático da pensão alimentícia de filho que atingiu a maioridade, devendo haver uma decisão judicial, com contraditório, com essa finalidade.

jeto de uma análise na via adequada, com amplo espaço para a produção de provas, o que não cabe na ação de prestação de contas. Acrescentou que esse tipo de demanda não deve ser incentivado, sob pena de se patrimonializar excessivamente as relações familiares, sensíveis por natureza, especialmente em virtude da irrepetibilidade da verba alimentar.[51]

Apesar de o STJ ter se posicionado pela impossibilidade de prestação de contas do pagamento de pensão alimentícia, em maio de 2020 a Terceira Turma considerou possível a prestação de contas para fiscalização de pensão alimentícia, pois a guarda unilateral pela mãe do menor obriga o pai a supervisionar os interesses dos filhos, determinando que a mãe da criança apresente contas ao pai, demonstrando como utiliza o valor pago em pensão alimentícia. A decisão foi tomada por maioria, por três votos a dois.[52]

O entendimento vencedor se baseia no parágrafo 5º do art. 1.583 do Código Civil,[53] que institui essa responsabilidade de supervisão ao genitor que não detém a guarda. Por isso, "sempre será parte legítima para solicitar informações ou

---

51 Recurso Especial n. 1.767.456/MG.
52 O número deste processo não é divulgado em razão de segredo judicial.
53 Art. 1.583, CC: A guarda será unilateral ou compartilhada. (Redação dada pela Lei n. 11.698, de 2008.)
 § 5º A guarda unilateral obriga o pai ou a mãe que não a detenha a supervisionar os interesses dos filhos, e, para possibilitar tal supervisão, qualquer dos genitores sempre será parte legítima para solicitar informações e/ou prestação de contas, objetivas ou subjetivas, em assuntos ou situações que direta ou indiretamente afetem a saúde física e psicológica e a educação de seus filhos. (Incluído pela Lei n. 13.058, de 2014).

prestação de contas, objetivas ou subjetivas, em assuntos ou situações que direta ou indiretamente afetem a saúde física e psicológica e a educação de seus filhos".

A decisão foi em sentido oposto à da própria Terceira Turma, que, havia pouco mais de um ano, tinha decidido que a ação de prestação de contas não era a via adequada. Em setembro de 2021, a Quarta Turma, diante das especificidades do caso julgado, também entendeu que é possível determinar a prestação de contas para fiscalização de pensão alimentícia, não sendo necessária a comprovação prévia do mau uso da verba alimentar, bastando indícios. Contudo, o processo deve seguir o rito ordinário, com amplo espaço para produção de provas.

O ministro Luís Felipe Salomão, relator do caso, afirmou que a ação de exigir contas não tem como pressuposto necessário a existência de um crédito. Ou seja, o objetivo não é apurar um saldo devedor que poderá ser devolvido, mas sim investigar se a aplicação dos recursos destinados ao menor é a que mais atende ao seu interesse.

O alimentante que paga espontaneamente pensão após o término da obrigação não gera compromisso eterno

A Terceira Turma do Superior Tribunal de Justiça entendeu que a obrigação alimentar já extinta, mas que continua a ser paga por mera liberalidade do alimentante, não pode ser exigida. No ano de 2001 foi realizada audiência em que as partes firmaram acordo pelo qual o ex-marido se comprometeu a pagar à ex-mulher o plano de saúde e pensão alimentícia pelo período de 24 meses. Passado o prazo, foi pedido pela mulher que a pensão fosse prorrogada por mais 24 meses, o que foi negado pelo juiz, mas o ex-marido, por conta própria, permaneceu arcando com a verba alimentícia por mais 15 anos, quando decidiu suspender o pagamento.

O STJ, por meio do voto do relator, que foi acompanhado pela maioria da Terceira Turma, entendeu que o ex-marido, por espontânea vontade, cooperou com a ex-mulher pelo período desejado, sem a existência de uma obrigação legal, não havendo ilicitude na suspensão do pagamento da pensão, já que não havia mais relação obrigacional entre as partes.

O Ministro também destacou que o fim de uma relação conjugal deve estimular a independência de vidas e não, ao contrário, o ócio, pois o dever de prestar alimentos entre ex-cônjuges não constitui garantia material perpétua.[54]

Mesmo preso, alimentante deve pagar pensão para o filho menor

O fato de o alimentante estar preso pelo cometimento de crime não o isenta do dever de pagar alimentos para o alimentando, pois existe a possibilidade de exercer atividade remunerada no cárcere.

---

54 O número deste processo não é divulgado em razão de segredo judicial.

Essa questão chegou ao Superior Tribunal de Justiça[55] porque uma diarista, sem condições de sustentar seu filho sozinha, insistia na necessidade de participação financeira do pai da criança, que se encontrava preso e deixou de cumprir a obrigação de pagar alimentos.

A ação foi julgada improcedente em primeira instância, sob a alegação de que, como o pai foi condenado criminalmente e está preso, não teria possibilidade de pagar os alimentos. O Tribunal de Justiça do Distrito Federal e dos Territórios reformou a sentença para condenar o réu a pagar pensão no valor de 30% do salário-mínimo e, em recurso ao STJ, o pai alegou que não haveria como pagar, por estar preso, e que a ação não teria demonstrado o preenchimento dos requisitos da necessidade e possibilidade.

O relator do caso, ministro Marco Aurélio Bellizze, assinalou que o nascimento do filho faz surgir para os genitores o dever de garantir a sua subsistência, que, em regra, não pode ser transmitida ou cedida, pois deriva do vínculo existente entre pais e filhos, acrescentando que "não se pode afastar o direito fundamental do menor à percepção dos alimentos ao argumento de que o alimentante não teria condições de arcar com a dívida, sendo ônus exclusivo do devedor comprovar a insuficiência de recursos financeiros. Ademais, ainda que de forma mais restrita, o fato de o alimentante estar preso não impede que ele exerça atividade remunerada".

---

55 O número deste processo não é divulgado em razão de segredo judicial.

O alimentante que paga espontaneamente pensão após o término da obrigação não gera compromisso eterno e pode suspender o pagamento a qualquer momento, mesmo que tenha pago por muito tempo além do acordado.

É POSSÍVEL PEDIR O PAGAMENTO DE PENSÃO ALIMENTÍCIA RETROATIVA COMBINADA "DE BOCA"?

Não é nada incomum nos depararmos com mães que sustentam seus filhos, durante anos, sem qualquer espécie de auxílio financeiro por parte do pai da criança. Elas seguem arcando com os custos de criação do menor para evitar o desgaste emocional que a cobrança judicial da pensão alimentícia pode gerar para ela e para seus filhos. Há situações, entretanto, em que esses menores crescem e se insurgem contra a injustiça da sobrecarga financeira da mãe, fazendo com que ela busque a Justiça para cobrar todos os alimentos retroativos, que não foram pagos.

Em primeiro lugar, é importante relembrar que só é possível a cobrança judicial de alimentos retroativos se eles decorrem de um título, ou seja, se houve sentença fixando o valor a ser pago a título de alimentos, ou sentença homologando o acordo entre as partes. Acordos feitos pelo casal "de boca", sem formalização, não podem ser executados.

Se o alimentante nunca tiver pagado a pensão alimentícia, ou se tiver pagado por um período e cessado os pagamentos posteriormente, o alimentando pode requerer a execução de forma retroativa desde o momento em que ele parou de pagar, mas essa obrigação jamais retroagirá para alcançar o período em que ainda não existia o título, ou seja, se não houve uma decisão judicial fixando a obrigação de pagamento da pensão alimentícia, a cobrança só poderá se dar dali para a frente.

Exemplo: Joana é mãe de João e Jonas e tinha um acordo "de boca" com Juca, pai dos meninos, para que ele pagasse aos filhos a pensão alimentícia no valor de R$ 2.000,00. Quando o filho mais velho fez 6 anos e o mais novo, 4 anos, Juca parou de pagar a pensão dos filhos e Joana sustentou as crianças sozinha, mas, passados três anos sem nenhuma espécie de auxílio, Joana desistiu de esperar a boa vontade de Juca e propôs a ação de cobrança, em nome dos menores, requerendo ao juiz que condenasse o pai dos meninos a pagar os três anos de alimentos atrasados. Tendo em vista que não havia título que embasasse a cobrança, já que não havia pensão alimentícia formalmente fixada (a pensão alimentícia foi fixada "de boca"), Joana não conseguirá receber as pensões atrasadas, somente sendo devidas após a citação na ação ou a sentença do juiz.

Parece claro, portanto, que combinar o valor da pensão alimentícia por e-mail, WhatsApp ou "de boca" gera imensa insegurança para o alimentando, pois, em caso de descumprimento do acordo, não é possível obrigar o devedor ao seu pagamento, tampouco pedir a sua prisão civil.

AQUELE QUE RECEBE PENSÃO ALIMENTÍCIA DEVE PAGAR IMPOSTO DE RENDA SOBRE ESSES GANHOS?

Sempre prevaleceu o entendimento de que aqueles que recebem alimentos são obrigados a pagar imposto de renda sobre esses ganhos, mesmo que o alimentante já tenha realizado esse pagamento, quando recebeu o valor. Vamos explicar melhor: se um pai ganhava um salário de R$ 30.000,00 e pagava, a título de pensão alimentícia, 30% do seu salário, ou seja, R$ 9.000,00, o filho teria que pagar imposto de renda sobre esses ganhos, mesmo que o pai também já tivesse pagado esse imposto sobre os R$ 30.000,00 quando recebeu o salário do seu empregador. Por isso, o Supremo Tribunal Federal (STF), no julgamento da Ação Direta de Inconstitucionalidade (ADI) 5.422, proposta pelo Instituto Brasileiro de Direito de Família (IBDFAM), considerou inconstitucional a tributação da pensão alimentícia.

Esse julgamento aconteceu na sessão finalizada em 3 de junho de 2022, e o relator, ministro Dias Toffoli, assinalou que, na jurisprudência do STF, a incidência do tributo está, necessariamente, vinculada à existência de acréscimo patrimonial, o que não ocorre no caso dos alimentos, já que eles decorrem do direito de família, não sendo renda nem provento de qualquer natureza do credor dos alimentos, mas simplesmente montante retirado dos rendimentos recebidos pelo pagador (alimentante) para ser dado ao beneficiário: "O recebimento desses valores representa tão somente uma entrada de valores".

O ministro também considerou que o devedor dos alimentos, ao receber a renda ou o provento (acréscimos patrimoniais) sujeitos ao imposto de renda, retira disso parcela para pagar a obrigação. Assim, a legislação questionada provoca a ocorrência de bitributação camuflada e sem justificação legítima, violando o texto constitucional.

O voto do relator foi seguido pelos ministros Luiz Fux, Ricardo Lewandowski, Luís Roberto Barroso, Alexandre de Moraes e André Mendonça e pelas ministras Cármen Lúcia e Rosa Weber.

Os ministros Gilmar Mendes, Edson Fachin e Nunes Marques ficaram parcialmente vencidos. Para eles, as pensões devem ser somadas aos valores do responsável legal, aplicando-se a tabela progressiva do imposto de renda para cada dependente, ressalvada a possibilidade de o alimentando declarar individualmente o imposto de renda.[56]

Essa decisão do STF passará a evitar situações de extrema injustiça, que fica mais clara ao se compararem duas situações:

Situação 1: imagine um homem e uma mulher que são casados e possuem um filho. Suponhamos que o provedor da família é apenas o homem e que a mulher não tenha qualquer rendimento.

Situação 2: imagine agora um ex-casal, ou seja, um homem e uma mulher que se separaram. No divórcio, a sentença determinou que o homem pagasse pensão alimentícia ao filho e à ex-esposa.

Na primeira situação, o cônjuge e o filho comum são considerados como dependentes do homem, para fins de declara-

---

56 Notícia retirada do portal de notícias do Supremo Tribunal Federal, 6 jun. 2022.

Não há incidência de Imposto de Renda (IR) sobre valores recebidos a título de alimentos.

ção de imposto de renda, em razão de necessitarem financeiramente dele.

Na segunda situação, a ex-esposa e o filho do casal não podem ser considerados dependentes do homem na declaração do imposto de renda.

Apesar disso, é evidente, no presente caso, que ambos continuam a dele depender financeiramente. Com a separação, o que muda é a forma por meio da qual esse último passa a suprir as necessidades daqueles dois sujeitos: antes, o homem supria as necessidades diretamente; depois do divórcio, passa a fazer isso por meio do pagamento da pensão alimentícia. Note-se, assim, que não há, por força da pensão alimentícia, nova riqueza dada aos alimentandos.[57]

---

57 STF – ADI 5422/DF 9032329-95.2015.1.00.0000, data de publicação: 23 ago. 2022.
EMENTA Ação direta de inconstitucionalidade. Legitimidade ativa. Presença. Afastamento de questões preliminares. Conhecimento parcial da ação. Direito tributário e direito de família. Imposto de renda. Incidência sobre valores percebidos a título de alimentos ou de pensão alimentícia. Inconstitucionalidade. Ausência de acréscimo patrimonial. Igualdade de gênero. Mínimo existencial. 1. Consiste o IBDFAM em associação homogênea, só podendo a ele se associarem pessoas físicas ou jurídicas, profissionais, estudantes, órgãos ou entidades que tenham conexão com o direito de família. Está presente, portanto, a pertinência temática, em razão da correlação entre seus objetivos institucionais e o objeto da ação direta de inconstitucionalidade. 2. Afastamento de outras questões preliminares, em razão da presença de procuração com poderes específicos; da desnecessidade de se impugnar dispositivo que não integre o complexo normativo questionado e da possibilidade de se declarar, por arrastamento, a inconstitucionalidade de disposições regulamentares e de outras disposições legais que possuam os mesmos vícios

das normas citadas na petição inicial, tendo com elas inequívoca ligação. 3. A inconstitucionalidade suscitada está limitada à incidência do imposto de renda sobre os valores percebidos a título de alimentos ou de pensões alimentícias oriundos do direito de família. Ação da qual se conhece parcialmente, de modo a se entender que os pedidos formulados alcançam os dispositivos questionados apenas nas partes que tratam da aludida tributação. 4. A materialidade do imposto de renda está conectada com a existência de acréscimo patrimonial, aspecto presente nas ideias de renda e de proventos de qualquer natureza. 5. Alimentos ou pensão alimentícia oriundos do direito de família não se configuram como renda nem proventos de qualquer natureza do credor dos alimentos, mas montante retirado dos acréscimos patrimoniais recebidos pelo alimentante para ser dado ao alimentado. A percepção desses valores pelo alimentado não representa riqueza nova, estando fora, portanto, da hipótese de incidência do imposto. 6. Na esteira do voto-vista do Ministro Roberto Barroso, "[n]a maioria dos casos, após a dissolução do vínculo conjugal, a guarda dos filhos menores é concedida à mãe. A incidência do imposto de renda sobre pensão alimentícia acaba por afrontar a igualdade de gênero, visto que penaliza ainda mais as mulheres. Além de criar, assistir e educar os filhos, elas ainda devem arcar com ônus tributários dos valores recebidos a título de alimentos, os quais foram fixados justamente para atender às necessidades básicas da criança ou do adolescente". 7. Consoante o voto-vista do Ministro Alexandre de Moraes, a tributação não pode obstar o exercício de direitos fundamentais, de modo que "os valores recebidos a título de pensão alimentícia decorrente das obrigações familiares de seu provedor não podem integrar a renda tributável do alimentando, sob pena de violar-se a garantia ao mínimo existencial". 8. Vencidos parcialmente os Ministro Gilmar Mendes, Edson Fachin e Nunes Marques, que sustentavam que as pensões alimentícias decorrentes do direito de família deveriam ser somadas aos valores de seu responsável legal aplicando-se a tabela progressiva do imposto de renda para cada dependente, ressalvando a possibilidade de o alimentando realizar isoladamente a declaração de imposto de renda. 9. Ação direta da qual se conhece em parte, relativamente à qual ela é julgada procedente, de modo a dar ao art. 3°, § 1°, da Lei n. 7.713/88, ao arts. 4° e 46 do Anexo do Decreto n. 9.580/18 e aos arts. 3°, caput e § 1°; e 4° do Decreto-lei n. 1.301/73 interpretação conforme à Constituição Federal para se afastar a incidência do imposto de renda sobre valores decorrentes do direito de família percebidos pelos alimentados a título de alimentos ou de pensões alimentícias.

O BEM DE FAMÍLIA DO DEVEDOR DE ALIMENTOS PODE SER PENHORADO PARA PAGAR A DÍVIDA?

A lei brasileira[58] considera como bem de família o imóvel residencial próprio do casal ou da entidade familiar, e ele será impenhorável, ou seja, não responderá por qualquer tipo de dívida civil, comercial, fiscal, previdenciária ou de outra natureza, contraída pelos cônjuges ou pelos pais ou filhos que sejam seus proprietários e nele residam, salvo nas hipóteses previstas. Da leitura da lei, conclui-se que o bem de família existe para garantir a dignidade da família, portanto, seu proprietário não poderá perdê-lo para quitar o débito, já que ele é indispensável à sua subsistência.

Há duas formas de se classificar um bem de família, a convencional e a legal. A convencional é aquela em que o seu proprietário, por ato voluntário, escolhe o bem a ser protegido, ou seja, os interessados vão ao cartório e registram a impenhorabilidade do bem por meio de escritura pública, a fim de gerar a inalienabilidade e impenhorabilidade. É importante frisar, entretanto, que a impenhorabilidade não pode prevalecer quando a dívida decorre do não pagamento de dívida decorrente de: financiamento destinado à construção ou à aquisição do imóvel; pensão alimentícia; impostos, prediais ou territoriais, taxas e contribuições devidas em função do imóvel familiar; execução de hipoteca sobre o imóvel oferecido como garantia real pelo casal ou pela entidade familiar;

---

58 Lei n. 8.009, de 29 de março de 1990.

execução de sentença penal condenatória; fiança concedida em contrato de locação ou se tiver sido adquirido com produto de crime.

Ao tratarmos mais especificamente da dívida decorrente do não pagamento de pensão alimentícia, é importante reiterar que a impenhorabilidade do imóvel de família não pode ser usada como escudo pelo alimentante, desde 2015, com a edição da Lei n. 13.144/15, que alterou a Lei n. 8.009/90, estabelecendo que a impenhorabilidade do bem de família não se aplica aos casos de pensão alimentícia.

Esse tem sido o posicionamento do STJ, conforme demonstra o julgado a seguir, que tratou dessa questão:

> *AGRAVO REGIMENTAL NO AGRAVO EM RECURSO ESPECIAL. BEM DE FAMÍLIA. CRÉDITO ORIUNDO DE OBRIGAÇÃO ALIMENTAR. DÍVIDA PRETÉRITA. PENHORA. POSSIBILIDADE. AGRAVO NÃO PROVIDO. 1. A orientação jurisprudencial do Superior Tribunal de Justiça estabelece que a natureza do crédito alimentar não se altera com o mero decurso do tempo. Precedentes. 2. Desse modo, a impenhorabilidade do bem de família não se aplica às execuções de dívidas oriundas de pensão alimentícia, em razão da exceção prevista expressamente no artigo 3º, III, da Lei n.*

8.009/90. Precedentes. 3. Agravo regimental a que se nega provimento.[59]

Conclui-se, portanto, que, se o alimentante dever alimentos, fixados em sentença ou acordo homologado pelo juiz e tiver um imóvel considerado como bem de família, este poderá ser penhorado e, após, vendido para quitar a sua dívida.

QUEM FICA COM A PENSÃO POR MORTE QUANDO O ALIMENTANTE MORRE E DEIXA CÔNJUGE E EX-CÔNJUGE A QUEM PAGAVA ALIMENTOS?

Como já falamos anteriormente, a lei brasileira prevê a possibilidade de pagamento de alimentos entre ex-cônjuges, em decorrência do dever de mútua assistência. O que muita gente não sabe é que, quando o alimentante que paga pensão para o ex-cônjuge se casa novamente ou vive em uma união estável e vem a falecer, a pensão do Instituto Nacional de Seguridade Social (INSS) deverá ser dividida em partes iguais entre ex-mulher e viúva de segurado falecido.

Essa foi a decisão proferida pelo Superior Tribunal de Justiça, em ação na qual se discutia com quem ficaria a pensão por morte deixada por um servidor público federal. O ho-

---

[59] STJ – AgRg no AREsp: 409389 SP 2013/0337361-4, relator: ministro Raul Araújo, data de julgamento: 28 abr. 2015, Quarta Turma, data de publicação DJe: 20 maio 2015.

O não pagamento da pensão alimentícia pode levar o alimentante à prisão civil como forma de coagi-lo a cumprir sua obrigação.

mem era casado em segundas núpcias e pagava pensão para sua ex-mulher, de quem estava divorciado. O STJ, seguindo a lei, decidiu que, independentemente do percentual que vinha sendo recebido pela ex-esposa a título de pensão alimentícia, a pensão por morte deveria ser dividida.

A viúva não aceitou a decisão que determinou o rateio e recorreu, alegando que isso representaria um enriquecimento ilícito da ex-esposa do falecido, pois, com a morte de seu ex-marido, o valor da pensão por morte seria consideravelmente superior ao valor recebido a título de pensão alimentícia, o que seria uma espécie de premiação da ex-cônjuge pela morte do servidor, mas o relator do caso, ministro Sérgio Kukina, assinalou que a decisão está de acordo com a jurisprudência.

O art. 76, § 2º da Lei n. 8.213, de 24 de julho de 1991, dispõe que o cônjuge divorciado ou separado, judicialmente ou de fato, que recebia pensão de alimentos concorrerá em igualdade de condições com o cônjuge, a companheira, o companheiro e o filho não emancipado, de qualquer condição, menor de 21 anos ou inválido ou que tenha deficiência intelectual ou mental ou deficiência grave. Da leitura da lei, conclui-se que haverá divisão da pensão por morte, em partes iguais, não apenas entre o cônjuge ou companheiro sobrevivente e o ex-cônjuge ou ex-companheiro, mas, também, com os filhos menores ou inválidos do falecido.

Para um melhor entendimento, vamos exemplificar: Ricardo era bancário e se divorciou de Valdineia, que era doceira. No acordo de divórcio, Ricardo se comprometeu a pagar, a título de pensão alimentícia, o valor de R$ 600,00 mensais para Valdineia, que equivalia a 5% do salário de Ricardo. Após o divórcio, Ricardo se casou com Viviana, artista e advogada, por quem se apaixonou, e não tiveram filhos. Se Ricardo vier a falecer antes de Viviana e na ocasião de sua morte ainda estiver pagando alimentos a Valdineia, apesar de o valor da pensão alimentícia equivaler a apenas 5% dos ganhos de Ricardo, Viviana terá que dividir, em partes iguais com Valdineia, a pensão por morte deixada por Ricardo, ou seja, de 5%, Valdineia passará a receber dez vezes mais, ou seja, 50% dos ganhos de Ricardo, o que parece injusto e absurdo, mas é o que determina a lei.

Quando o alimentante que paga pensão para o ex-cônjuge se casa novamente ou vive em união estável e vem a falecer, a pensão do INSS deve ser dividida em partes iguais entre a ex-mulher e a viúva do segurado falecido.

PERGUNTAS E RESPOSTAS

1. A pensão alimentícia deve se destinar apenas ao custeio da alimentação?

Não, a pensão alimentícia ou "alimentos", no direito brasileiro, são os valores, bens ou serviços pagos para custear a existência daquele que a recebe. Os alimentos são devidos em razão das relações de parentesco, quando o alimentando (aquele que os recebe) não pode prover a própria mantença. Também são considerados alimentos aqueles valores pagos em decorrência dos deveres de assistência, em razão de ruptura de relações de casamento ou união estável, ou do direito assistencial de amparo aos idosos.

2. Estou grávida e separada do pai da criança. Posso pedir ao juiz a fixação de pensão alimentícia mesmo antes de o neném nascer?

Sim. A lei brasileira autoriza a fixação dos alimentos gravídicos por meio da Lei n. 11.804/2008, permitindo à mulher gestante que requeira alimentos para poder custear os gastos adicionais decorrentes da gravidez. De acordo com a lei, os alimentos gravídicos englobarão os valores suficientes para cobrir as despesas adicionais do período de gravidez, decorrentes da concepção ao parto, inclusive os referentes a alimentação especial, assistência médica e psicológica, exames complementares, internações, parto, medicamentos e demais prescrições preventivas e terapêuticas indispensáveis, a juízo do médico, além de outras que o juiz considerar pertinentes. A ação deverá ser proposta contra o suposto pai, sendo necessário apresentar, apenas, indícios da paternidade, da união estável ou a prova do casamento.

3. Como requerer a pensão alimentícia?

Para requerer o pagamento de alimentos, é preciso contratar um advogado ou procurar a Defensoria Pública (quando a parte não tiver condições de arcar com as custas judiciais e os honorários advocatícios) para que seja ajuizada uma ação no Poder Judiciário. É possível que as partes cheguem a um consenso sobre o valor da pensão, por isso, nesses casos, um único advogado pode requerer ao juiz de direito a homologação judicial do acordo, para que ele tenha a mesma força executiva de uma sentença.

Na hipótese de não se chegar a um consenso, deverá ser proposta uma ação pela parte que precisa receber os alimentos, expondo, na petição inicial, suas necessidades financeiras e as possibilidades do alimentante (quanto ele ganha ou de quais valores dispõe), fazendo a prova do parentesco com o alimentante, das necessidades do alimentando e da possibilidade do réu. Deve ser requerida a fixação de alimentos provisórios.

4. No caso de desemprego do alimentante, ele pode parar de pagar a pensão alimentícia, até que volte a ter renda?

Não. Não há nenhuma previsão legal de suspensão do pagamento da pensão alimentícia em caso de desemprego, já que o alimentando precisa continuar a se alimentar, se vestir, ir ao médico, enfim, suprir suas necessidades, e o alimentante pode procurar outras fontes de renda, fazendo bicos etc.

Como sabemos, a pensão alimentícia é fixada levando-se em conta a necessidade de quem a pede e as possibilidades de quem tem a obrigação de pagá-la, não podendo o valor ser inferior ao que o alimentando precise para viver, mas também não pode impedir que o alimentante ganhe o próprio sustento.

Essa questão já chegou ao STJ,[1] e os ministros decidiram manter a prisão de pai desempregado que não pagou a pensão alimentícia.

Há decisões de alguns juízes que reduzem o valor da pensão alimentícia durante o período de desemprego, retornando esta ao valor original após a situação se normalizar.

5. Quem tem que pagar pensão alimentícia?

Os pais separados ou divorciados deverão pagar alimentos aos filhos até que atinjam a maioridade ou, se estiverem cursando o pré-vestibular, ensino técnico ou superior e sem condições financeiras para arcar com os próprios estudos, até os 24 anos. Os ex-companheiros e ex-cônjuges devem pagar

---

1 RHC 23.552/RJ.

alimentos sempre que houver necessidade de uma parte e possibilidade da outra.

Os avós também podem ser chamados a pagar pensão alimentícia para os netos, mas o STJ entende que essa obrigação é subsidiária e não solidária, ou seja, a responsabilidade dos pais é preponderante, somente se acionando os avós na falta daqueles.

6. Até quando é obrigatório o pagamento da pensão alimentícia?

O entendimento preponderante é de que, em regra, o pagamento da pensão alimentícia ao filho que estuda somente se encerra com a formatura em curso de graduação, não se estendendo para pós-graduação *lato sensu*, mestrado ou doutorado. No que se refere à pensão paga aos ex-cônjuges e ex-companheiros, esses alimentos têm caráter excepcional, transitório e devem ser fixados por prazo determinado, salvo se um deles não possuir condições de reinserção no mercado do trabalho ou de readquirir autonomia financeira, pois os alimentos devidos entre ex-cônjuges não podem servir de fomento ao ócio ou ao enriquecimento sem causa.

7. Se o ex-cônjuge se casar novamente ou passar a viver em união estável, ele continua recebendo a pensão alimentícia?

Não, nessa hipótese, o ex-cônjuge ou ex-companheiro perde o direito à pensão.

8. O que pode acontecer com aquele que não paga a pensão alimentícia?

A lei prevê algumas sanções contra o alimentante que deixa de pagar a pensão alimentícia. São elas:

Prisão civil – se o alimentando propuser uma ação de execução para cobrar as pensões alimentícias atrasadas e o devedor, após citado para pagar os alimentos referentes aos três últimos meses do ajuizamento da ação, não apresentar o comprovante do pagamento ou uma justificativa legal pelo atraso, o juiz deve decretar a prisão civil por um prazo máximo de três meses, em regime fechado. A prisão não faz cessar a obrigação de pagar alimentos;

Penhora – caso haja pensão em aberto para períodos antigos, ou seja, antes dos últimos três meses, poderá o juiz determinar a penhora dos bens do devedor para pagar o alimentando, que poderá consistir em dinheiro, valores depositados em conta bancária ou conta-poupança, carros, bens móveis ou imóveis;

Protesto – com a aprovação do novo Código de Processo Civil, passou a ser permitido o protesto do devedor de alimentos e a negativação do seu nome junto ao Serasa e ao SPC.

9. Incide imposto de renda sobre os alimentos recebidos pelo alimentando?

Sempre incidiu esse imposto sobre a pensão alimentícia recebida pelo alimentando, mas, em 6 de junho de 2022, o Supremo Tribunal Federal (STF) decidiu, por maioria dos votos, que o imposto de renda não deve incidir sobre valores decorrentes do direito de família percebidos pelos alimentandos a título de alimentos.

Essa decisão se baseou no entendimento de que:

> *Alimentos ou pensão alimentícia oriunda do direito de família, não são renda nem provento de qualquer natureza do credor dos alimentos, mas simplesmente montantes retirados dos rendimentos (acréscimos patrimoniais) recebidos pelo alimentante para serem dados ao alimentado. Nesse sentido, para o último, o recebimento de valores a título de alimentos ou de pensão alimentícia representa tão somente uma entrada de valores.*[2]

10. Quando o alimentante atrasa o pagamento da pensão alimentícia, ele deverá pagar o valor reajustado?

A pensão alimentícia em atraso deverá ser paga reajustada pelo índice fixado na sentença ou no acordo das partes e sobre a quantia deverão incidir juros de mora.

---

2 ADI 5422, ajuizada pelo Instituto Brasileiro de Direito de Família (IBDFAM), relator ministro Dias Toffoli.

11. Quando pode ser proposta a ação de revisão de alimentos?

A ação revisional se presta a reduzir, majorar ou exonerar o pagamento de pensão alimentícia, e o autor da ação poderá ajuizá-la sempre que houver a alteração da situação econômico-financeira do devedor ou do credor de alimentos.

12. Pago pensão para a minha filha e ela está vivendo em união estável. Eu posso pedir a exoneração do dever de pagar os alimentos?

Sim. De acordo com o art. 1.708 do Código Civil: "Com o casamento, a união estável ou o concubinato do credor, cessa o dever de prestar alimentos". Portanto, se a pessoa que recebe pensão alimentícia vier a se casar ou viver em união estável, não terá mais direito a receber a pensão alimentícia.

13. Meu pai foi preso por furto, parou de pagar a pensão alimentícia e minha mãe está arcando sozinha com o meu sustento. Isso está de acordo com a lei e com a jurisprudência?

Não. A lei não exime o alimentante encarcerado do pagamento da pensão alimentícia. De acordo com recente decisão do STJ (16 de março de 2021), o fato de o alimentante estar preso pelo cometimento de crime não o isenta do dever de pagar alimentos para o alimentando, pois existe a possibilidade de exercer atividade remunerada no cárcere.

14. Pago pensão para o meu filho e este mês ele se graduará na faculdade de Administração de Empresas, mas já está inscrito no mestrado. Sou obrigado a continuar pagando os alimentos até que ele se torne mestre?

Não. A pensão alimentícia ao filho que estuda se encerra com a formatura em curso de graduação, não se estendendo para pós-graduação *lato sensu*, mestrado ou doutorado. O STJ julgou essa questão quando dispensou um pai de continuar pagando pensão alimentícia à filha maior de idade que cursava mestrado. Os ministros entenderam que pós-graduação – *lato* ou *stricto sensu* – melhora a capacidade técnica de quem a cursa, mas o estímulo à qualificação profissional dos filhos não pode tornar a obrigação alimentar um eterno dever de sustento.

15. O genitor que paga pensão alimentícia aos filhos pode deixar de pagá-la durante as férias escolares dos alimentandos?

Não. A pensão alimentícia não deve ser alterada e nem deixar de ser paga durante o período de férias escolares, nem mesmo quando o alimentando passa o mês inteiro com o genitor que paga os alimentos. Isso ocorre porque, como já vimos anteriormente, a pensão alimentícia engloba não apenas as despesas com alimentação, mas todos os gastos ordinários que devem ocorrer, independentemente do regime de convivência. Ou seja, mesmo que o alimentando passe o mês inteiro com o alimentante, ainda assim as despesas da criança ou do adolescente com aluguel, condomínio, IPTU, contas de gás, luz, plano de saúde, dentista, médicos, psicólogo etc. não deixarão de existir.

16. Eu e meu ex-marido combinamos que ele pagaria, mensalmente, uma pensão alimentícia de R$ 700,00 para o nosso filho. Há seis meses ele parou de pagar os alimentos combinados. Posso pedir ao juiz a sua prisão?

Não é possível a cobrança judicial de pensão alimentícia acertada entre as partes apenas "de boca", portanto é necessário que o acerto seja formalizado, ou seja, haja a homologação do acordo pelo juiz, para que o alimentando possa usar de todos os meios legais para a sua cobrança em caso de inadimplemento, até mesmo a prisão do devedor.

17. Minha mãe parou de pagar a minha pensão alimentícia e o juiz decretou a sua prisão. O cumprimento da pena faz com que ela não precise mais pagar os alimentos?

O cumprimento da pena de prisão não dispensa o executado do pagamento das prestações vencidas e vincendas, ou seja, mesmo que o devedor de alimentos seja preso, deverá pagar as parcelas em atraso e as que se vencerem posteriormente, mas, tão logo seja efetuado o pagamento, o juiz suspenderá a prisão.

18. Um genitor que venha a ficar desempregado pode deixar de pagar a pensão alimentícia do filho?

Não. Não há na lei brasileira autorização para que um alimentante desempregado deixe de pagar a pensão alimentícia, especialmente porque o valor pago tem caráter alimentar e é prioritário. Temos visto muitos alimentantes, quando desempregados, buscando o Poder Judiciário, visando rever o valor pago a título de alimentos, mas muitas vezes não observam que, no próprio título que fixou a pensão alimentícia, já está previsto o seu valor para o caso de desemprego.

19. Meu pai tem uma condição financeira muito precária, mas os seus pais, meus avós, ganham muito bem. Eu posso propor a Ação de Alimentos diretamente contra os meus avós?

O STJ acolheu o entendimento de que a obrigação de os avós (alimentos avoengos) pagarem pensão alimentícia é subsidiária, e não solidária, ou seja, a responsabilidade dos pais é preponderante, somente sendo acionados os avós na falta daqueles. A morte do alimentante ou a sua incapacidade financeira são as situações mais corriqueiras em que pode haver a responsabilização dos avós pelo pagamento dos alimentos, mas é indispensável a comprovação, em juízo, da necessidade da pensão alimentícia pelo alimentando e da impossibilidade de seu pagamento por parte dos pais, que são os responsáveis imediatos.

A mera inadimplência do responsável direto não gera a responsabilização dos avós. Antes disso, segundo o STJ, há que se esgotarem todos os meios jurídicos para obrigar o alimentante a cumprir sua obrigação.

20. É possível a inscrição de devedor de alimentos em cadastro de inadimplentes?

A Quarta Turma do STJ admitiu a possibilidade de inscrição do nome do devedor de alimentos em cadastros de proteção ao crédito, como SPC e Serasa.

REFERÊNCIAS

BRASIL. **Lei n. 5.478, de 25 de julho de 1968**. Disponível em: https://www.planalto.gov.br/ccivil_03/leis/l5478.htm. Acesso em: 27 mar. 2023.

BRASIL. **Lei n. 8.009, de 29 de março de 1990**. Disponível em: https://www.planalto.gov.br/ccivil_03/leis/l8009.htm. Acesso em: 27 mar. 2023.

BRASIL. **Lei n. 10.406, de 10 de janeiro de 2002**. Código Civil. Disponível em: https://www.planalto.gov.br/ccivil_03/leis/2002/l10406compilada.htm. Acesso em: 27 mar. 2023.

BRASIL. **Lei n. 10.741, de 1º de outubro de 2003**. Disponível em: https://www.planalto.gov.br/ccivil_03/leis/2003/l10.741.htm. Acesso em: 27 mar. 2023.

BRASIL. **Lei n. 13.105, de 16 de março de 2015**. Código de Processo Civil. Disponível em: http://www.planalto.gov.br/ccivil_03/_Ato2015-2018/2015/Lei/L13105.htm. Acesso em: 27 mar. 2023.

GONZAGA, Daniele. Paternidade socioafetiva: pais possuem direitos e deveres sobre seus filhos. **Migalhas**, 12 ago. 2022. Disponível em: https://www.migalhas.com.br/depeso/371492/paternidade-socioafetiva-pais-possuem-direitos-e-deveres. Acesso em 27 mar. 2023.

INCIDE IMPOSTO de renda sobre o valor recebido a título de pensão alimentícia decorrente do direito de família? **Dizer o Direito**, 20 ago. 2022. Disponível em: https://www.dizerodireito.com.br/2022/08/incide-imposto-de-renda-sobre-o-valor.html. Acesso em: 27 mar. 2023.

LEITE, Rodrigo. Alimentos entre ex-cônjuges: o que entende o STJ? **Blog do Supremo**, 31 ago. 2020. Disponível em: supremotv.com.br. Acesso em: 27 mar. 2023.

LÔBO, Paulo. **Direito civil: famílias**. 4. ed. São Paulo: Saraiva, 2011.

NIGRI, Tânia. **União estável**. São Paulo: Blucher, 2020.

SUPERIOR TRIBUNAL DE JUSTIÇA (STJ). **REsp n. 1391954**. Rio de Janeiro 2013/0235787-0, relatora ministra Maria Isabel Gallotti, julgado em 22 mar. 2022.

SUPERIOR TRIBUNAL DE JUSTIÇA (STJ). **REsp 1767456**. Minas Gerais 2018/0240558-0, relator ministro Ricardo Villas Boas Cuevas, julgado em 25 nov. 2021.

SUPERIOR TRIBUNAL DE JUSTIÇA (STJ). **REsp n. 1741716**. São Paulo 2018/0115967-4, relator ministro Paulo de Tarso Sanseverino, julgado em 25 maio 2021.

SUPERIOR TRIBUNAL DE JUSTIÇA (STJ). **REsp n. 1829295**. Santa Catarina 2019/0224367-3, relator ministro Paulo de Tarso Sanseverino, julgado em 10 mar. 2020.

SUPERIOR TRIBUNAL DE JUSTIÇA (STJ). **REsp n. 1719372**. São Paulo 2018/0012110-4, relator ministro Ricardo Villas Boas Cuevas, julgado em 26 jun. 2018.

SUPERIOR TRIBUNAL DE JUSTIÇA (STJ). **REsp n. 1624050**. Minas Gerais 2016/0082436-9, relatora ministra Nancy Andrighi, julgado em 19 jun. 2018.

SUPERIOR TRIBUNAL DE JUSTIÇA (STJ). **REsp n. 1119013**. Santa Catarina. 2017/0140937-0, relator ministro Ricardo Villas Bôas Cueva, julgado em 25 jan. 2018.

SUPERIOR TRIBUNAL DE JUSTIÇA (STJ). **REsp n. 1587280**. Rio Grande do Sul 2014/0332923-0, relator ministro Ricardo Villas Boas Cuevas, julgado em 5 maio 2016.

SUPERIOR TRIBUNAL DE JUSTIÇA (STJ). **HC n. 312551**. São Paulo 2014/0339469-5, relator ministro Raul Araújo, julgado em 12 abr. 2016.

SUPERIOR TRIBUNAL DE JUSTIÇA (STJ). **REsp n. 1.505.030**. Minas Gerais, relator ministro Ricardo Villas Boas Cuevas, julgado em 8 mar. 2016.

SUPERIOR TRIBUNAL DE JUSTIÇA (STJ). **REsp n. 1292537**. Minas Gerais 2011/0258535-2, relator ministro João Otávio de Noronha, julgado em 3 mar. 2016.

SUPERIOR TRIBUNAL DE JUSTIÇA (STJ). **RHC n. 82044**. Distrito Federal. 2017/0056134-4, relator ministro Moura Ribeiro, Terceira Turma: 23 fev. 2016, DJe, 29 fev. 2016.

SUPERIOR TRIBUNAL DE JUSTIÇA (STJ). **REsp n. 1.469.102**. São Paulo, relator ministro Ricardo Villas Bôas Cueva, julgado em 1º fev. 2016.

SUPERIOR TRIBUNAL DE JUSTIÇA (STJ). **AgRg AREsp n. 561453**. Santa Catarina 2014/0199817-7, relatora ministra Maria Isabel Gallotti, julgado em 20 out. 2015.

SUPERIOR TRIBUNAL DE JUSTIÇA (STJ). **AgRg AREsp n. 409389**. São Paulo 2013/0337361-4, relator ministro Raul Araújo, julgado em 28 abr. 2015.

SUPERIOR TRIBUNAL DE JUSTIÇA (STJ). **REsp n. 1185337**. Rio Grande do Sul 2010/0048151-3, relator ministro João Otávio de Noronha, julgado em 17 mar. 2015.

SUPERIOR TRIBUNAL DE JUSTIÇA (STJ). **REsp n. 1.396.957**. Paraná, relatora ministra Nancy Andrighi, julgado em 03 jun. 2014.

SUPERIOR TRIBUNAL DE JUSTIÇA (STJ). **REsp n. 1327471**. Mato Grosso 2011/0176288-0, relator ministro Luiz Felipe Salomão, julgado em 14 maio 2014.

SUPERIOR TRIBUNAL DE JUSTIÇA (STJ). **RHC n. 23552**. Rio de Janeiro 2008/0098502-1, relator ministro Massami Uyeda, julgado em 19 maio 2008.

SUPREMO TRIBUNAL FEDERAL (STF). **ADI N. 5422**. Distrito Federal. 9032329-95.2015.1.00.0000, relator ministro Dias Toffoli, sessão virtual 27 maio 2022 a 3 jun. 2022.

SUPREMO TRIBUNAL FEDERAL (STF). **RE n. 1045273**. Sergipe, relator ministro Alexandre de Morais, sessão virtual 11 dez. 2020 a 18 dez. 2020.

TRIBUNAL DE JUSTIÇA DE MINAS GERAIS (TJ-MG). **AC 5004774-84.2020.8.13.0313**. Minas Gerais, relator desembargador Carlos Henrique Pepétuo Braga, julgado em 28. nov. 2021.

TRIBUNAL DE JUSTIÇA DE SÃO PAULO (TJ-SP). **AC n. 1007846-87.2018.8.26.0077**. São Paulo, relator desembargador Alcides Leopoldo, julgado em 18 dez. 2020.

TRIBUNAL DE JUSTIÇA DO DISTRITO FEDERAL E TERRITÓRIOS (TJDFT). **REsp n. 1208634**. Minas Gerais, relatora Ana Cantarino, Oitava Turma Cível, julgado em 9 out. 2019.

TRIBUNAL DE JUSTIÇA DO DISTRITO FEDERAL E TERRITÓRIOS (TJDFT). **AC n. 0732934-57.2017.8.07.0016**. Distrito Federal, relator James Eduardo Oliveira, julgado em 10 jul. 2019.

TRIBUNAL DE JUSTIÇA DO RIO GRANDE DO SUL (TJRS). **AC n. 70037131760**. Rio Grande do Sul, relator Luiz Ari Azambuja Ramos, julgado em 5 ago. 2010.

Impressão e Acabamento

Bartiragráfica

(011) 4393-2911